趣说中国史

清朝篇

刘喜涛◎主编
孙玮阳◎著

台海出版社

图书在版编目（CIP）数据

趣说中国史．清朝篇 / 刘喜涛主编；孙玮阳著．--
北京：台海出版社，2022.11（2025.3 重印）
ISBN 978-7-5168-3452-7

Ⅰ．①趣… Ⅱ．①刘… ②孙… Ⅲ．①中国历史—清代—通俗读物 Ⅳ．① K209

中国版本图书馆 CIP 数据核字 (2022) 第 220920 号

趣说中国史．清朝篇

主　　编：刘喜涛　　著　　者：孙玮阳

责任编辑：赵旭雯　　封面设计：异一设计

出版发行：台海出版社
地　　址：北京市东城区景山东街 20 号　　邮政编码：100009
电　　话：010-64041652（发行，邮购）
传　　真：010-84045799（总编室）
网　　址：www.taimeng.org.cn/thcbs/default.htm
E - mail：thcbs@126.com

经　　销：全国各地新华书店
印　　刷：三河市嘉科万达彩色印刷有限公司
本书如有破损、缺页、装订错误，请与本社联系调换

开　　本：880 毫米 ×1230 毫米　1/32
字　　数：200 千字　　印　　张：8.5
版　　次：2022 年 11 月第 1 版　　印　　次：2025 年 3 月第 10 次印刷
书　　号：ISBN 978-7-5168-3452-7

定　　价：49.80 元

清朝 12 帝世系表

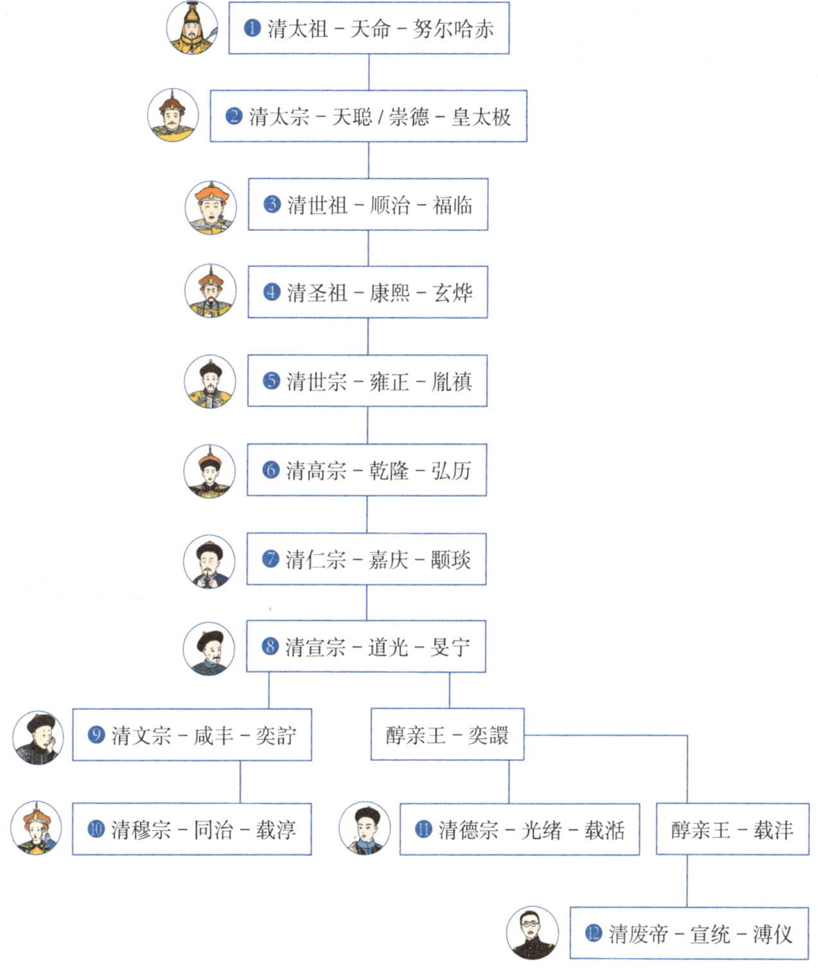

❶ 清太祖 - 天命 - 努尔哈赤
❷ 清太宗 - 天聪 / 崇德 - 皇太极
❸ 清世祖 - 顺治 - 福临
❹ 清圣祖 - 康熙 - 玄烨
❺ 清世宗 - 雍正 - 胤禛
❻ 清高宗 - 乾隆 - 弘历
❼ 清仁宗 - 嘉庆 - 颙琰
❽ 清宣宗 - 道光 - 旻宁
❾ 清文宗 - 咸丰 - 奕詝
醇亲王 - 奕譞
❿ 清穆宗 - 同治 - 载淳
⓫ 清德宗 - 光绪 - 载湉
醇亲王 - 载沣
⓬ 清废帝 - 宣统 - 溥仪

目
CONTENTS

录

努尔哈赤

生卒（1559年～1626年）

庙号太祖，年号天命

建州女真部酋长

后金第一任（1616年~1626年）大汗

自力更生创业人

军事战斗资深顾问

高压政策首席推行官

明嘉靖三十八年四月初八（1559年5月14日），一声响亮的啼哭划破了整个赫图阿拉城的上空。据《清太祖高皇帝实录》记载，这个孩子在母亲喜塔腊氏肚中历时十三个月，才终于呱呱坠地。父亲塔克世为其取名努尔哈赤（满语意为野猪皮），蕴含了对儿子能够具备坚韧刚毅品质的深深期许。

群公告：本群为大清王朝群，请入群的各位家人自觉以年号-名字作为群昵称，欢迎各位积极参与，分享工作、学习及生活经验。

大清王朝(2)
宣统-溥仪
十三遗甲起兵忙，清朝皇室来登场。欢迎加入“大清王朝”家族群聊。
宣统-溥仪
彩虹屁
宣统-溥仪
呱唧呱唧
宣统-溥仪
来吧展示
努尔哈赤
你小子，用我的典，也不知道夸夸我！

大清王朝(2)

宣统-溥仪

哎呀，这不是太祖爷吗！自古以来武功高强的帝王不在少数，但从未有一人像您这样戎马半生的！

努尔哈赤

没招啊，时势造英雄罢了。

宣统-溥仪

太祖爷您谦虚了，我还专门为您的战斗生涯编了首歌。您要不嫌弃，我就献丑了。

努尔哈赤

唱来听听！

宣统-溥仪

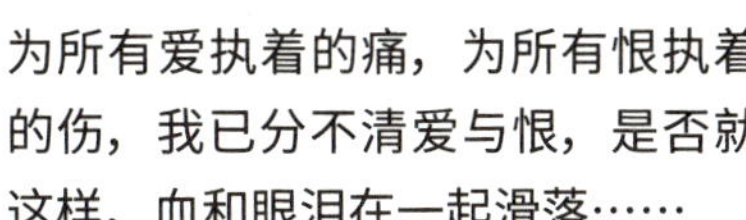

为所有爱执着的痛，为所有恨执着的伤，我已分不清爱与恨，是否就这样，血和眼泪在一起滑落……

大清王朝(2)

努尔哈赤

唱得好哇，唱出了我多年的心声，一下子就让我想起咱们满族先人的使命，誓与明军不两立，想那越王勾践卧薪尝胆……

宣统-溥仪

所以您对明廷的朝贡也只是在演戏咯。

努尔哈赤

努尔哈赤

我在位时，穿过了明朝两代君主的春秋冬夏，感受到无数底层百姓的酸甜苦辣，这么多年忍辱负重，就是为了有朝一日能实现天下太平！

宣统-溥仪

太祖爷天命所归！

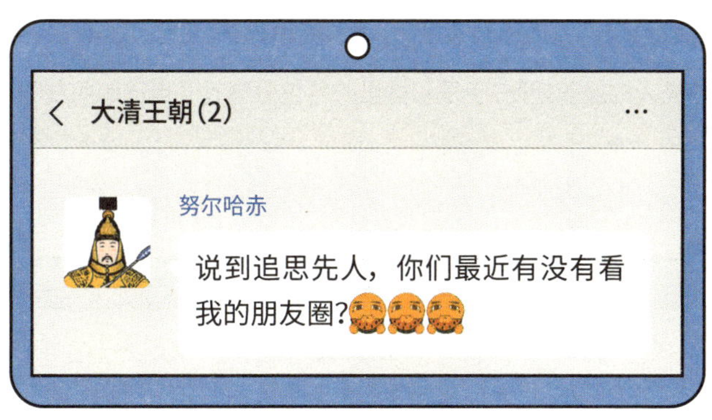

十三遗甲：努尔哈赤的祖父觉昌安、父亲塔克世因尼堪外兰叛变，被明军误杀。为了弥补努尔哈赤，辽东总兵李成梁将塔克世的人马、土地悉数交给努尔哈赤。而后，努尔哈赤以十三副遗甲起兵，意图讨伐尼堪外兰，统一女真各部。

七大恨：努尔哈赤眼见时机成熟，发布了著名的讨明檄文，据《清太祖高皇帝实录》载，主要内容包括对明军无故杀害其父与祖父、偏袒哈达女真、违反划分范围、协助叶赫女真攻建州女真、支持叶赫老女转嫁蒙古、驱逐边境居住的建州百姓、派萧伯芝在建州作威作福等行为的不满。

努尔哈赤曾先后多次向明朝朝贡，表面上显示出对明廷的臣服，实际则是借助朝贡获得赏赐，加官晋爵，沿途贸易，扩充军备，壮大势力。

努尔哈赤历经明神宗万历（1573年～1620年）和明熹宗天启（1621年～1627年）两朝。

努尔哈赤谈到自己的辛酸经历，不禁老泪纵横。恰逢元旦将至，努尔哈赤想到满族先人的殷殷期盼，于是和群里的各位分享起了自己的朋友圈。

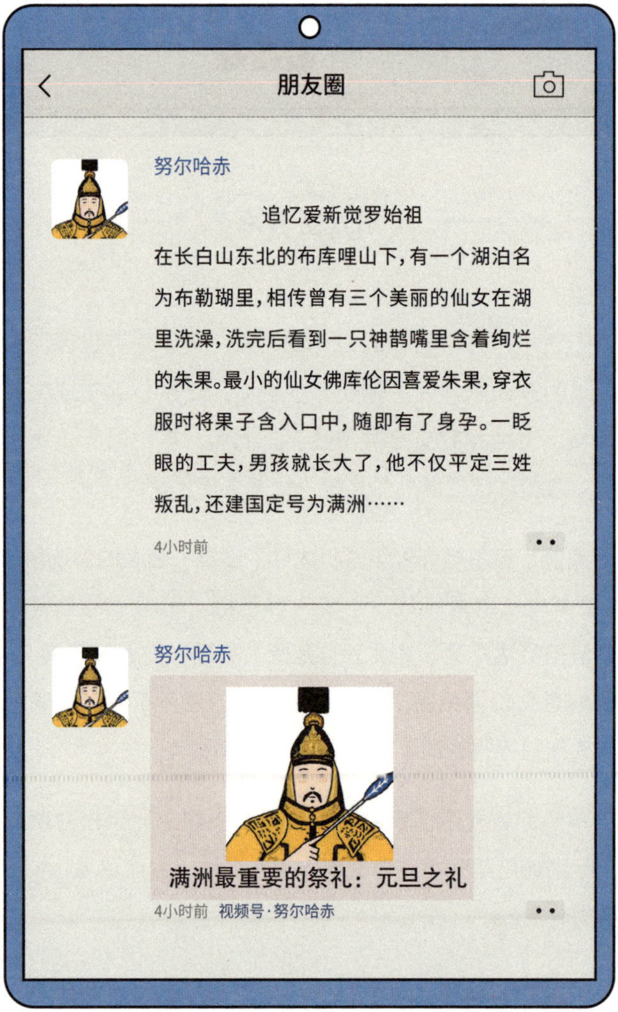

朋友圈

努尔哈赤

追忆爱新觉罗始祖

在长白山东北的布库哩山下，有一个湖泊名为布勒瑚里，相传曾有三个美丽的仙女在湖里洗澡，洗完后看到一只神鹊嘴里含着绚烂的朱果。最小的仙女佛库伦因喜爱朱果，穿衣服时将果子含入口中，随即有了身孕。一眨眼的工夫，男孩就长大了，他不仅平定三姓叛乱，还建国定号为满洲……

4小时前

努尔哈赤

满洲最重要的祭礼：元旦之礼

4小时前 视频号·努尔哈赤

划重点

在努尔哈赤时期，元旦之礼尤为关键。据《满文老档》载，有关元旦之礼的最早记录是“天命七年正月初一，努尔哈赤率领八旗诸贝勒大臣，出城拜谒堂庙”。

大清王朝（3）

皇太极

刚看了爸爸那条朋友圈，说到追忆先人，关于咱们的姓氏，我最近有些研究想和大家分享。

努尔哈赤

儿子有什么新发现，说说看。

努尔哈赤

皇太极

爱新和觉罗在咱们满族姓氏结构中原本是两个部分，自我改年号，在关外建立大清后，仿照汉制，取消远支大宗之分，将爱新觉罗定为国姓。

努尔哈赤

等等，你刚说在关外建立大清，那么之后有没有南下中原？

大清王朝(4)

皇太极
这……我就不得而知了。
“顺治-福临”加入了群聊

努尔哈赤
不会是根据我的福陵起的名吧?

顺治-福临
我的福气是多尔衮给的，他辅佐我登上皇位，顺道替我执政。

努尔哈赤
那你平时在忙些什么?

顺治-福临
修炼爱情，感悟人生!

皇太极
历史都承认的偏爱：董鄂妃
顺治和宠妃的凄美爱情

大清王朝

划重点

爱新是部族名，满语意为“金”，觉罗则是姓。据《八旗满洲氏族通谱》记载，努尔哈赤原本姓觉罗，由于觉罗早期并未被列入满族八大姓，因此皇太极将爱新觉罗作为整体姓氏，意在彰显承继蒙古黄金家族的尊贵身份。

盛京三陵：清永陵（努尔哈赤祖先的坟墓，又称兴京陵）；福陵（努尔哈赤及其后妃的坟墓，又称东陵）；昭陵（皇太极及其后妃的陵墓，又称北陵）。

多尔衮为努尔哈赤第十四子，顺治初年的掌舵人，他不仅对清军入关发挥了重要作用，也推行了一系列安邦定国之策。如取消辽饷、剿饷和练饷三饷；鼓励告发贪污；谕令法司官会同廷臣详绎明律，为《大清律例》的制定奠定基础。

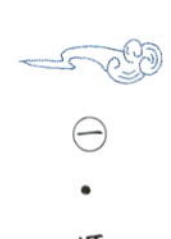

顺治和皇太极都是清朝用情至深的皇帝，皇太极钟情于海兰珠，顺治钟情于董鄂妃。董鄂妃入宫后，虽备受荣宠，但因其子早夭，22岁便撒手人寰。

宣统这个尚未被揭开身份的神秘人物，根据群里努尔哈赤与各位皇帝的对话情况，随机应变，适时拉新人进群，这时群里已经集齐了大清12位帝王。

大清王朝(12)
康熙-玄烨
搞错了
重来
康熙-玄烨
康～雍～乾盛世。
雍正-胤禛
来啦
来啦
雍正-胤禛
我爸仁厚恭俭、勤政爱民、亘古未有！
努尔哈赤
不愧是我爱新觉罗的子孙，不过，你要记住一点：你是站在巨人的肩膀上开启的盛世。

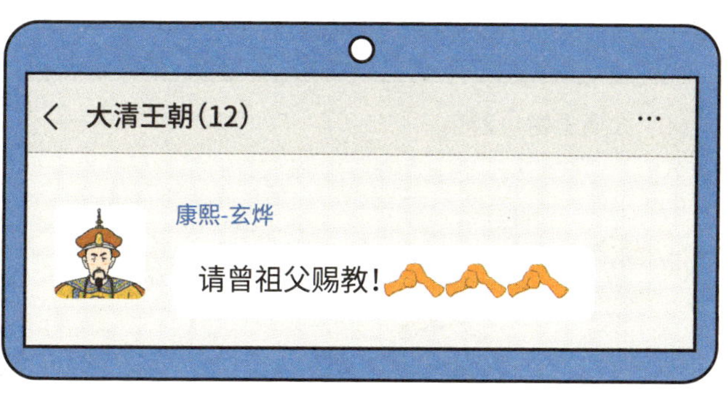

雍正在位仅13年，他父亲康熙在位61年，儿子乾隆在位60年。三代帝王的统治时期是清朝的黄金时代，常被称为康乾盛世，但雍正承上启下的功绩不可忽视。

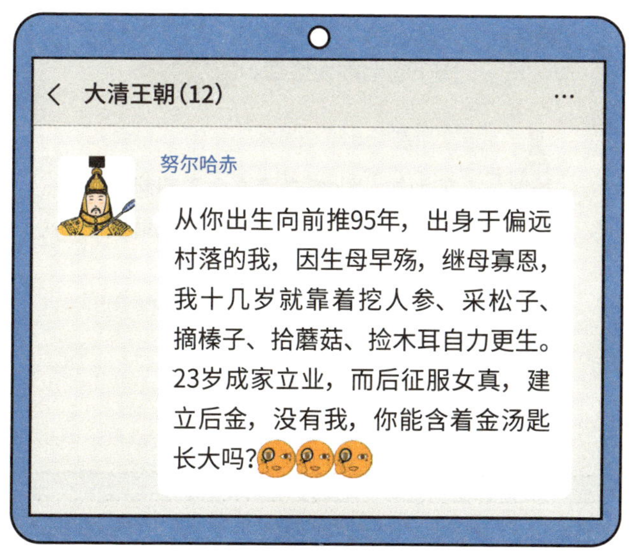

大清王朝(12)

康熙-玄烨

努尔哈赤

再说当年我被迫给李成梁洗脚丫子，他非给我看脚底的三颗小黑痣，那得意劲儿吧，整得跟谁没有一样……

宣统-溥仪

人无我有，人有我优，相传太祖爷脚下有七颗大红痣。

努尔哈赤

就为这，让李成梁这小子想起圣人出自东方的传言，二话不说就要送我去见阎王。

康熙-玄烨

那后来呢？

皇太极

爸爸这么机智，人缘又好，当然是在李成梁侍妾的帮助下偷偷溜走了！

宣统-溥仪

说起来，李成梁也是迷之操作，明明有机会把太祖爷控制在手掌心里，还是草率了……

努尔哈赤

不不不，李成梁这小子自有一套如意算盘，想借助我的力量征服朝鲜呢！可恨尼堪外兰那阴险小人，害得我家破人亡！

宣统-溥仪

这告诉我们一个道理：没有永远的敌人，也没有永远的朋友！

划重点

女真三大部：建州女真（地理位置相对偏南，最终统一女真

各部）、东海女真（也称野人女真，地理位置最北，生活方式比较原始）、海西女真（地理位置居于建州女真与东海女真之间）。

万历二年（1574年），辽东总兵李成梁进剿王杲所在的古勒寨，民间传言此役努尔哈赤被俘，为李成梁收留，充当仆役。李成梁最初有实力控制努尔哈赤，却放任自流，甚至以“地孤悬难守”为由放弃了宽甸六堡这一遏制女真的战略要地。

尼堪外兰：努尔哈赤父亲塔克世的属下，为壮大本部势力，在古勒寨之战中，主动为明军做向导，致使努尔哈赤的父亲和祖父被误杀。后努尔哈赤发兵攻打鹅尔浑，尼堪外兰败逃至明朝领地，被李成梁押还给努尔哈赤，随即被处决。

大清王朝(12)

康熙-玄烨

努尔哈赤

十全老人怕不是自封的吧?我一生辗转各地，率领后金五大臣破哈达，灭辉发，伐乌拉，吞叶赫，征朝鲜，定满文，建八旗，入沈阳……为我大清定鼎燕京、入主中原、统一华夏、稳定政权呕心沥血，殚精竭虑，成就的功业又岂止10件?

嘉庆-颙琰

太祖爷的功业天地可鉴，然而，爸爸的十全功业却是建立在我的痛苦之上的。不管我如何努力，都只能是看起来很努力。

道光-旻宁

我在位时勤俭持家，终难阻挡社会矛盾和列强侵略的火山爆发。

大清王朝(12)

咸丰-奕詝

我就笑笑不说话

同治-载淳

我想静静，我还是个孩子。

光绪-载湉

还是让我“亲爸爸”（慈禧）来替我说吧。

乾隆-弘历

我到底做错了什么?

后金五大臣：额亦都、费英东、何和礼、安费扬古和扈尔汉这五位皆年少追随努尔哈赤，堪为后金与清朝政权的中流砥柱。努尔哈赤欲将后事托付这五人，然而五大臣却都先于努尔哈赤去世。

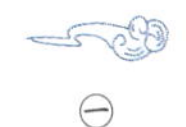

公元1599年，努尔哈赤命巴克什额尔和扎尔固齐噶盖，用蒙古字母拼写满语，创制满文。

八旗制度：明万历二十九年（1601年），努尔哈赤始建黄、白、红、蓝四旗。明万历四十三年（1615年），努尔哈赤增设镶黄、镶白、镶红、镶蓝四旗，合称满洲八旗。随着兵马的增多，汉人和蒙古人被吸纳入旗，形成汉军八旗和蒙古八旗。据《钦定皇朝文献通考》载：八旗制度的核心为“以旗统人，即以旗统兵”，农业生产与守备作战密切结合。

宣统仔细核对群成员，看到人员都到齐了，就拍了拍努尔哈赤，看看他还有什么指示。

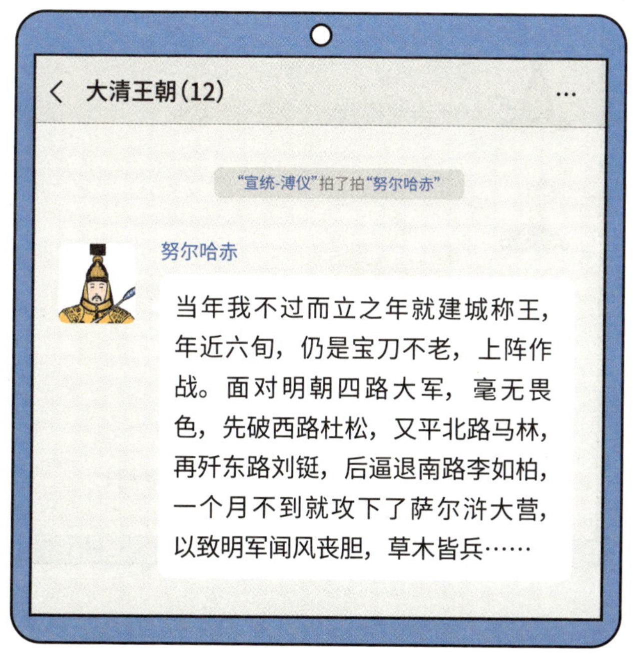

大清王朝(12)　…

乾隆-弘历

太祖爷威武，我在位时还专门在萨尔浒西南方为您立碑，还赋诗一首。

努尔哈赤

是吗？看来你小子觉悟提升了。
什么诗，念来听听。

乾隆-弘历

诗名《萨尔浒》，乾隆独著。
铁背山头歼杜松，手麾黄钺振军锋。
于今四海无争战，留得艰难缔造踪。

努尔哈赤

此诗深得我心！

宣统-溥仪

乾隆-弘历

你懂什么，我可是太祖爷的老粉！

明万历十五年（1587年），努尔哈赤在建州老营废城址基础上建立费阿拉城，并“自中称王”，建立王权。明万历三十一年（1603年），他迁居赫图阿拉城，之后入驻辽阳，又迁都沈阳。

努尔哈赤在萨尔浒之战中战胜明军，扭转了辽东的战略格局，促使后金转守为攻。乾隆四十一年（1776年），乾隆帝在萨尔浒山腰上建立起一座“萨尔浒之战书事碑”，并赋诗《萨尔浒》一首。

乾隆想借萨尔浒之战吹捧一下努尔哈赤的功绩，提升自己在群里的地位，没承想直接被溥仪转移了话题，群里随即开始热烈讨论太祖爷兵败宁远。

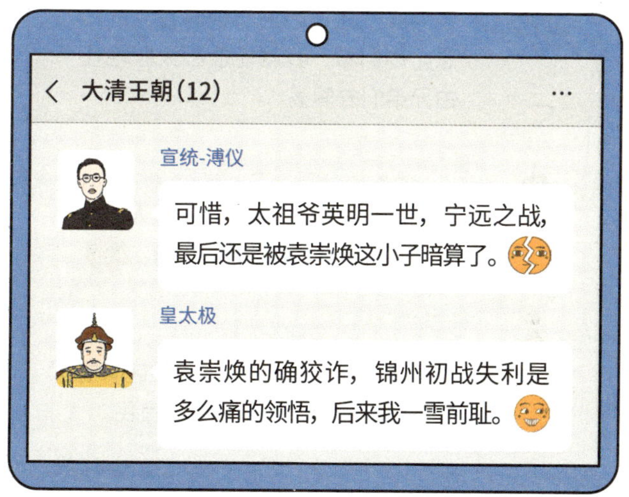

大清王朝(12)

努尔哈赤

是吗?你是怎么做到的?

皇太极

我做了两手准备，一面绕道蒙古促使明军腹背受敌；另一面用反间计，借崇祯这把快刀，把袁崇焕这小子送上西天。

康熙-玄烨

说起来，袁崇焕也是自作自受，当年他以通敌叛国罪斩杀毛文龙，后来反被崇祯诛杀……

努尔哈赤

说到底，还是因为崇祯对将领的猜忌。你们看，我就能放心大胆地任由兄弟们去闯荡。

皇太极

是啊，闯荡的结果就是连女真人出门都要10人以上，结伴持械同行。

努尔哈赤

你小子懂什么?这叫棍棒底下出义士，黄荆条下出良民。

兵败宁远：天命十一年（1626年）正月十四，努尔哈赤率诸贝勒大臣发兵宁远。不料被宁远守将袁崇焕以红夷大炮击败。努尔哈赤兵退沈阳，愤懑发病，几个月后不治而亡。

毛文龙：明朝东江镇总兵，历仕万历、泰昌、天启、崇祯四朝，屡建功勋，后因在皮岛与辽东总兵袁崇焕军事意见不合，被袁崇焕斩杀于帐前。此举引起崇祯不满，后袁崇焕被崇祯凌迟。

进兵辽沈：努尔哈赤率兵先后攻克沈阳和辽阳，结束了明朝在辽东的统治。在进占辽沈地区后，他一方面推行屯田制，即平时垦耕，战时为兵；另一方面抢掠财产，多次毁城，还将占领区的汉人分封给八旗子弟充当仆役。

努尔哈赤对自己在宁远之战的失利深表遗憾，刚想缓和尴尬，结果子孙们开始议论他的血腥政策，真是哪壶不开提哪壶。不得已，努尔哈赤将目光投向了宣统。

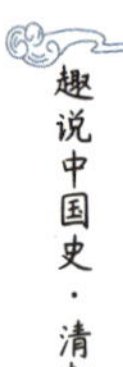

大清王朝(12)

努尔哈赤

说了这么半天，建群的那个小子呢？出来冒个泡。

宣统-溥仪

太祖爷，我在看还有没有新人进来。

努尔哈赤

我感觉差不多了，接下来说说你的功绩吧。

康熙-玄烨

群主的身份是？

宣统-溥仪

啊，我是20世纪的。

努尔哈赤

哪位帝王啊？

宣统-溥仪

清代的最后一位皇帝，溥仪……

努尔哈赤

!!!

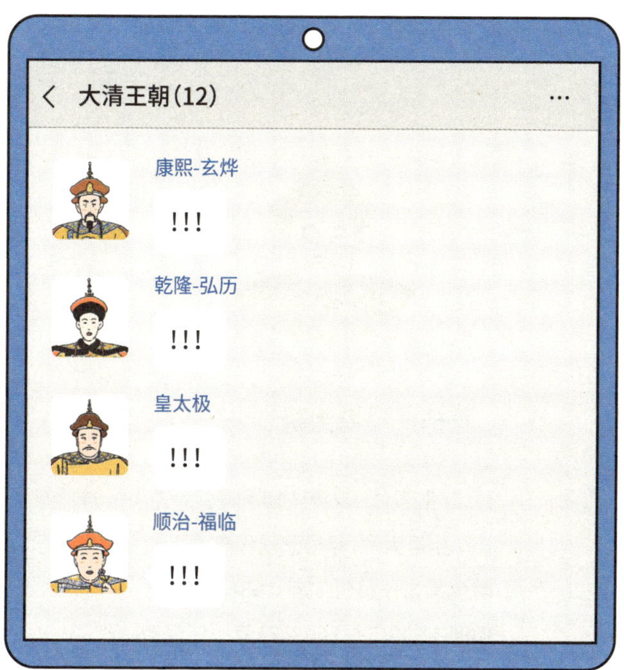

努尔哈赤凭借非凡的魄力和卓越的才能建立了赫赫威名。然而，在征战的过程中，努尔哈赤却开历史的倒车，推行奴隶制，滥杀无辜，致使民心不稳，辽东统治难以推行，而这也注定后金政权无法走得更远。

皇太极

生卒（1592年～1643年）

庙号太宗，年号天聪和崇德

后金第二任（1627年~1636年）大汗

清朝（1636年～1643年）第一任皇帝

权力真空先行家

左右逢源践行人

肥胖症轻度患者

天命十一年八月十一日（1626年9月30日），努尔哈赤毒疽发作，不治而亡。因未指定继承人，各方势力虎视眈眈。皇太极面临的竞争对手有代善、阿敏、莽古尔泰及多尔衮、阿济格、多铎三兄弟。因代善此前遭到废黜，阿敏是努尔哈赤之侄，莽古尔泰有勇无谋，多尔衮三兄弟年纪尚轻，而皇太极为人谦和，德才兼备，经过八旗贝勒共同商议，最终决定由皇太极继任后金大汗。

上集说到，努尔哈赤在得知宣统的身份以及清朝灭亡的消息后，心情久久难以平复，于是开始质问宣统。

< 大清王朝(12) …

努尔哈赤

你说你一个末代皇帝，还敢建群，是嫌自己太抗揍，还是嫌自己活得太久？@宣统-溥仪

宣统-溥仪

我太难了！国之将亡，内忧外患，我在位的时候还是个孩子，现在管理家族群，暖个场还是可以的吧？

皇太极

就这能耐，怪不得被三立三废。

宣统-溥仪

您礼貌吗?可别忘了太祖爷的嫡长子褚英和后继大妃阿巴亥……

努尔哈赤

你倒是提醒我了，四贝勒，这是什么情况?

皇太极

爸爸，您怕是忘了，大哥褚英精神失常，胡言乱语，很早就去世了。至于孝烈武皇后，她可是自愿追随您而去的。

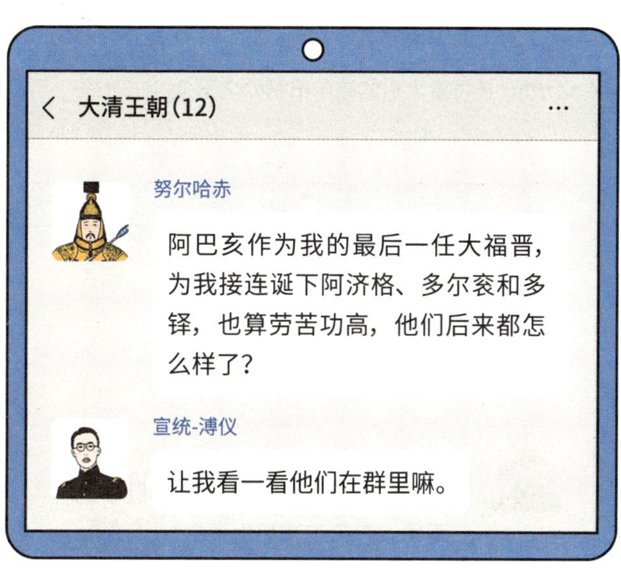

划重点

天命元年（1616年），努尔哈赤在赫图阿拉登基为汗时，按年龄长幼及资历设四大贝勒，大贝勒代善、二贝勒阿敏、三贝勒莽古尔泰、四贝勒皇太极。值得注意的是，皇太极是努尔哈赤第八子，生母为叶赫那拉氏。

褚英：努尔哈赤嫡长子，生母为佟佳氏。因其英勇，努尔哈赤封其为广略太子。后因褚英与开国五大臣以及兄弟们不睦，焚香诅咒，被努尔哈赤解除兵权，圈禁处死。

据《满洲实录》载，诸亲贵以努尔哈赤遗言的名义，令大福晋阿巴亥于努尔哈赤去世后的第二天殉葬。后多尔衮成为摄政王，追谥阿巴亥为孝烈武皇后。

面对努尔哈赤的质问和皇太极的咄咄逼人，宣统有些招架不住，一气之下将多尔衮邀请进群，还将皇太极的陈年旧事公之于众。

大清王朝（13）

“宣统-溥仪”邀请“多尔衮”加入了群聊

多尔衮

爸爸，宝宝苦啊！我有十肚子的委屈，三天三夜都说不完！

多尔衮

宝宝心里苦

努尔哈赤

我的宝儿，为父替你主持公道。

多尔衮

首先，我妈阿巴亥死因离奇，名为殉葬，实为胁迫。

大清王朝(13)

皇太极

十四弟，什么胁迫？我妈孟古哲哲可是清朝第一任被追封的皇后，所以按理说，我作为名正言顺的嫡长子即位，不过分吧？

多尔衮

你怕是跳过了爸爸的原配佟佳氏与和继妃富察氏吧？

皇太极

这个嘛，你要知道，爸爸是佟佳氏的赘婿，在佟佳氏去世前，一直称“佟努尔哈赤”。至于富察氏，和前夫还育有三子，走的是收继婚程序，所以这两位前辈都不能被纳入皇后之列。

努尔哈赤

你说这话的目的是？

皇太极

天地可鉴，我追封我妈为皇后，是为了保全您的颜面啊！

大清王朝(13)

多尔衮

可你妈孟古哲哲在去世前，爸爸还没称汗呢，更别说立皇后了。

皇太极

这你就外行了，咱们满人奉行的是一夫多妻多妾制，和汉人的一夫一妻多妾制不同。在这种体制下，诸妻皆为福晋，而我妈孟古哲哲生前就是大福晋，所以她被我追封为孝慈高皇后也是顺理成章的。

多尔衮

宣统-溥仪

表面兄友弟恭，实则暗流涌动……

皇太极即位后追封其生母叶赫那拉·孟古哲哲为孝慈高皇后，但作为努尔哈赤原配的佟佳氏和另一位嫡母富察氏则未被追封。

收继婚：源于氏族族外婚，满族传统上有娶兄弟寡妻、亲母以外的亡父遗孀等习俗。

依《满洲实录·卷七》记载，天命九年（1624年），努尔哈赤将祖陵由赫图阿拉迁往辽阳。当代学者杜家骥先生认为孟古哲哲生前确实是努尔哈赤的大福晋。

宣统邀请多尔衮进群，成功调转矛头，挑起了多尔衮与皇太极的唇枪舌剑。

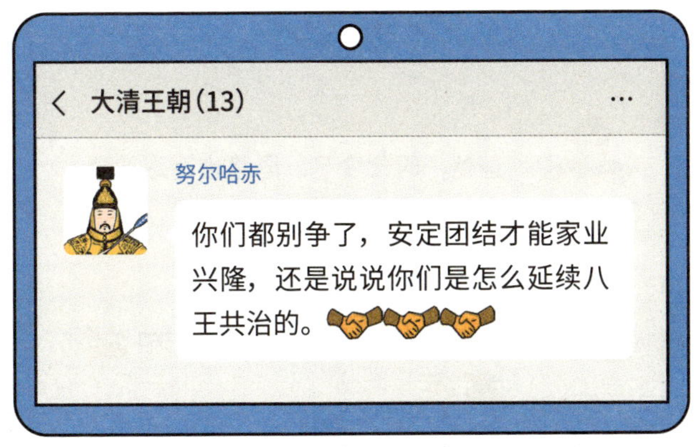

大清王朝(13) …

多尔衮

爸爸在位时，明确规定八王共治，就是为了保证各方力量互相牵制，以稳固政权。可是终究还是没推行下去……

多尔衮

努尔哈赤

皇太极

爸爸，时代变了，思路也得跟着转变，这叫因时而动。

努尔哈赤

你竟敢说我赶不上时代潮流! 

大清王朝(13)

皇太极

爸爸您不知道，自您仙去后，内部纷争不断，要不是我及时出面，恐怕后果不堪设想。

多尔衮

除了我和多铎的两白旗能稍微牵制点你的势力，代善哥站在你那一边，结果呢，你还不是对兄弟们贬的贬、罚的罚，一人独揽大权?

皇太极

那是因为我有足够的自信治理好大清，身为雄才伟略的帝王，有些猜忌也是难免的，对吧，爸爸?

努尔哈赤

你自己犯的错，提我干吗?再说我猜忌的是汉人，对自家满人可是好得很。

皇太极

“好”到囚弟杀子!

划重点

八王共治：天命七年（1622年），努尔哈赤封代善、阿敏、莽古尔泰、皇太极、济尔哈朗、多尔衮、多铎、岳讬为八和硕贝勒，实行八和硕贝勒共治国政制。

代善为努尔哈赤嫡次子，因拥立皇太极即位之功，被封为和硕礼亲王。后又因位尊年长，招皇太极之忌，被冠以轻视君上、越分妄行等罪名，遭到贬斥，不问政事。

皇太极借故幽禁阿敏，处罚莽古尔泰，改由其一人“南面独坐”，以示汗位独尊，同时将正黄、镶黄和正蓝三旗收归自己管辖，至此八王共治之制解体。

努尔哈赤在位时囚禁其弟舒尔哈齐，处死长子褚英。

努尔哈赤本想调和皇太极与多尔衮的争执，没想到将自己卷进旋涡之中。为了给自己一个台阶，努尔哈赤询问起皇太极的工作业绩。

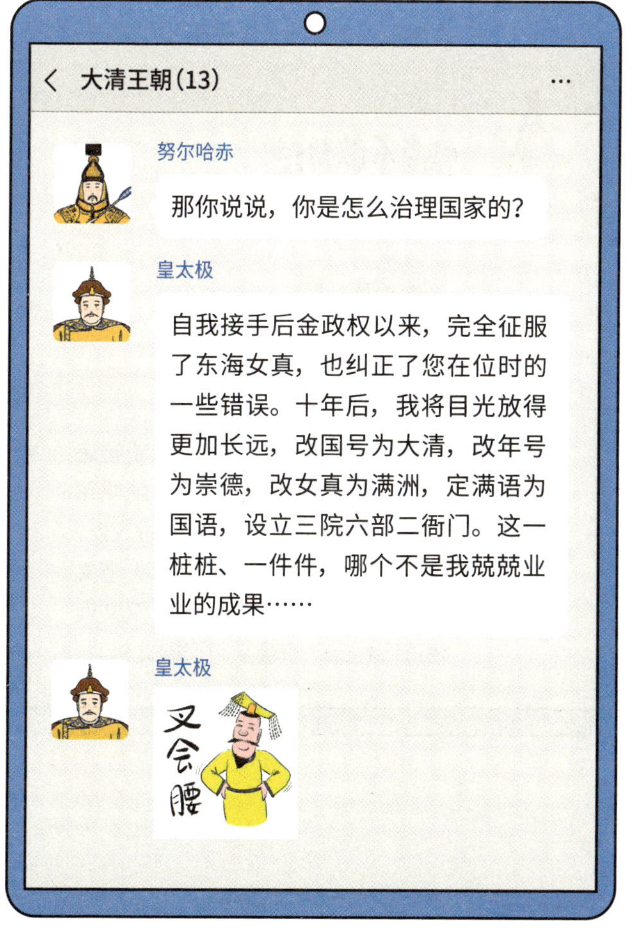

大清王朝(13)

努尔哈赤

等等，我在位时，有什么错误？

皇太极

后世有人说您战功累累，也有人说您是走遍东北的“大屠夫”。

努尔哈赤

皇太极

为了缓和矛盾，我即位后重新塑造您的光辉形象，不仅注重吸纳明军和蒙古军，还不遗余力地提拔汉臣，收拢人心。比如，我重用汉人范文程，设立文馆，又令儒臣对汉文典籍进行翻译，积极学习汉族文化。

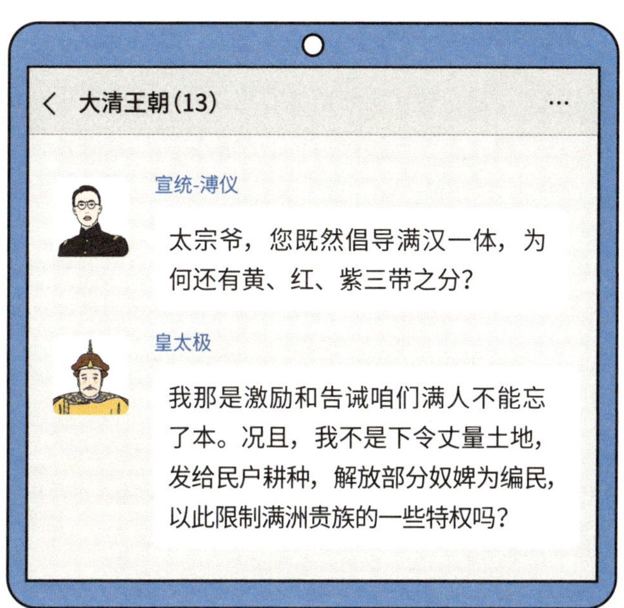

皇太极的两个年号：天聪（1627年～1636年）；崇德（1636年～1643年）。崇德元年（1636年），皇太极改国号后金为大清，建立清朝，以显示其为天下人的大汗。

皇太极即位后，改老满文（无圈点满文）为新满文（有圈点满文）。

皇太极仿效明朝，设立内国史院、内秘书院、内弘文院（内三院）；吏、户、礼、兵、刑、工（六部）；都察院和理藩院（二

衙门），完善后金组织结构。

皇太极即位后扭转了努尔哈赤对汉人的歧视压迫政策，一方面，采取恩养模式，重用投奔后金的汉族官员；另一方面，皇太极也多次强调满语骑射，防止满人被完全汉化。

崇德元年（1636年），皇太极规定清显祖塔克世的直系子孙为“宗室”，系黄带子，身份最为尊贵；其余伯叔兄弟旁支子孙称“觉罗”，系红带子。此外，还有紫带子，指清朝皇族中被黜退的一类人。

皇太极首先有条不紊地汇报了国家治理的情况，紧接着细数自己在周边关系处理上做出的努力。

大清王朝(13)

皇太极

在你出兵之前，是我先瓦解了林丹汗统辖的各部势力。而且，在林丹汗死后，也是我将林丹汗之子额哲封为亲王，还把我的女儿许配给额哲。

努尔哈赤

兄弟同心，其利断金！

多尔衮

宣统-溥仪

这么说，多尔衮当年灭了林丹汗之后，从漠南蒙古手里取得的所谓“元传国玺”只是个幌子，就如同武则天的洛石、宋太祖的马褂，乾隆帝在位时不还是弃而不用了。

皇太极

弘历，你出来解释一下。

乾隆-弘历

我只是觉得这玉玺的材质不对劲，所以只是用作玩物而已。

皇太极在盛京设立五宫，即“一后四妃”，均为蒙古族博尔济吉特氏。

皇太极借助联姻、诱降等手段，笼络了蒙古的上层分子，取得了蒙古诸部的支持和效忠，之后开始西征，最终统一漠南蒙古。

崇德元年（1636年），皇太极远征蒙古的察哈尔部，被漠南蒙古部落奉为“博格达汗”（蒙古语意为宽温仁圣）。

皇太极在处理对外关系时，剿抚结合，不仅获得了城池、物资和土地，也笼络了人心。

大清王朝(13)

皇太极

鉴于朝鲜方面并没有吸取丁卯战争中城下之盟的惨痛教训，和明军藕断丝连，所以我发动丙子之战让他们好好长长记性。

努尔哈赤

说起朝鲜，我在位时，曾两次在佛阿拉城接见朝鲜使者，还以后金国汗的身份致书朝鲜国王。本以为他们挺老实的，没想到不过是墙头草……

顺治-福临

爸爸这一仗打得实属漂亮，连朝鲜国王都亲自出城投降，还向爸爸行三跪九叩之礼。

顺治-福临

皇太极

此后，朝鲜正式成为我大清的藩属国，并彻底与原宗主国明朝绝交，向清朝称臣。

大清王朝(13) ···

康熙-玄烨

这一战可谓一举两得，不仅解决了大米等物资问题，也消除了大清进军关内的后顾之忧。

努尔哈赤

不愧是我的好大儿！

努尔哈赤

皇太极

在征服朝鲜后，我继续南下中原，和明军在锦州地区展开大决战。

努尔哈赤

又是锦州，结果如何？

皇太极

虽然拉锯时间长，但经过多年的训练与实操，我部下的军队堪称是一支步、骑、炮兼备，协同作战能力一流的野战军集团，自然是把明军打得落花流水！

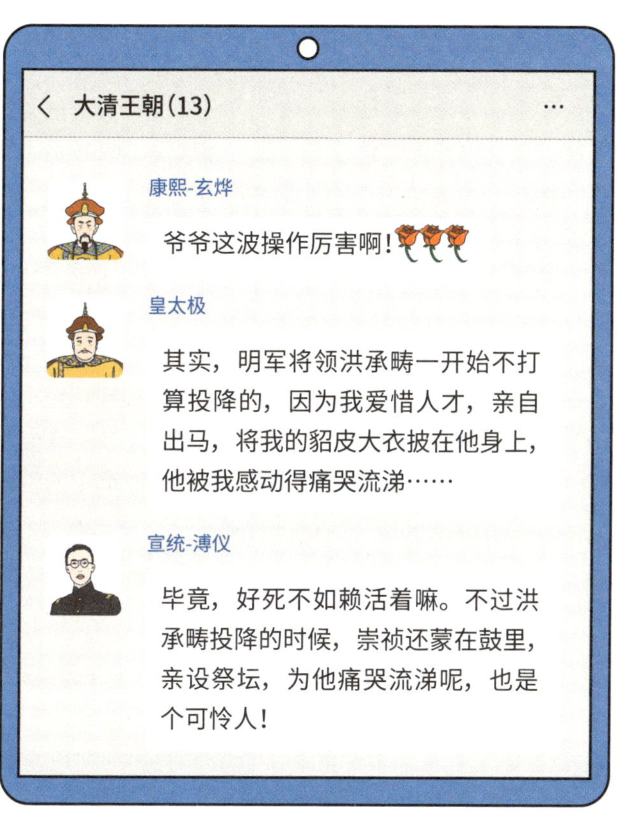

划重点

天聪元年（1627年），皇太极遣后金四大贝勒之一的阿敏率军3万，大败朝鲜，史称丁卯战争。阿敏与朝鲜使者在平壤会盟，宣布后金与朝鲜结成“兄弟之盟”。

崇德元年（1636年），由于朝鲜并非真心与后金结盟，且暗中支持明朝，皇太极率兵10万，再次对朝鲜发动丙子战争。

崇德二年（1637年）正月三十日，在南汉山城被清兵围困数月之后，朝鲜仁祖出城，向清太宗投降，史称“丁丑下城”。

松锦之战：明崇祯十二年至十五年（1639年~1642年），清军入关前与明朝在锦州地区的总决战。最终以明军全军覆没，明军统帅洪承畴投降清朝告终。

洪承畴：明万历四十四年（1616年）进士，明崇祯年间任蓟辽总督。松锦之战后降清，深受皇太极倚重。清军入关后，负责南方战事，倡导儒家学说，淡化满汉差异。康熙四年（1665年）去世，康熙帝为其亲颁御诏，并立御碑。

皇太极足智多谋，工作卓越，却在奔波忙碌中失去了一生的挚爱。

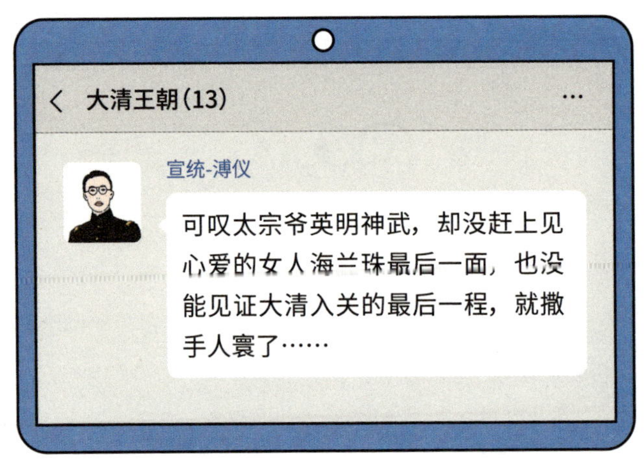

大清王朝(13)
宣统-溥仪
清初第一宠妃：海兰珠
皇太极为何痴迷二婚的海兰珠
大清王朝
皇太极
宝宝心里苦
努尔哈赤
儿子，你是不是过劳肥？
皇太极
我一直以为我是福气汇聚之相呢。
顺治-福临
可能，您的福气都汇聚给我了。
努尔哈赤
你小时候也不胖啊！

皇太极在松锦前线时，忽闻宸妃海兰珠病重，决定立即返回盛京。然而，他仍未见到海兰珠的最后一面。而后，皇太极忽而昏迷，忽而减食，直至猝死。

从皇太极朝服的画像看，皇太极体形偏胖。正史中记载其无疾而终。彭孙贻在《山中闻见录》中认为，皇太极是“痰疾殂于沈阳”，说明皇太极也可能死于心脑血管疾病。

皇太极自幼娴熟弓马，不满10岁时就能自由穿梭于山林之间。据《清太宗文皇帝实录》记载，皇太极曾“亲殪五虎”，即射杀5只老虎，可见其英勇。

遗憾的是，皇太极这样一位杰出的人物，距离坐上紫禁城的宝座仅一步之遥。他的父亲努尔哈赤被尊为清太祖，其子福临被尊为清世祖，其孙康熙被尊为清圣祖，而皇太极本人仅仅是被尊为“太宗”。正如《孔子家语》中提到“祖有功而宗有德”，而皇太极的第二个年号恰为“崇德”，或许就暗合了他身为太宗的命运。

福临

生卒（1638年～1661年）

庙号世祖，年号顺治

皇位角逐之下的“幸运儿”

清朝入关后第一位（1644年～1661年）皇帝

佛教资深爱好者

苦情戏最佳男主角

用生命反思的自我批评家

崇德八年八月初九（1643年9月21日），皇太极溘然而逝，并未指定继承人，其嫡长子豪格与其弟多尔衮对皇位展开争夺。豪格掌正蓝旗，并有正黄旗与镶黄旗的支持，略优于握有正白、镶白两旗的多尔衮。然而，豪格在大臣力劝其即位时自谦“福少德薄”，与承继大统失之交臂。多尔衮由此拥立皇太极第九子福临即位。

上集说到，皇太极在海兰珠离世后郁郁寡欢，日渐消沉，不愿与人来往。

宣统-溥仪

太宗爷真不够意思，还没和大家伙儿聊尽兴，就开始“躺平”，连群聊消息都屏蔽了。

顺治-福临

我也好想闭关修炼……

顺治-福临

多尔衮

这下知道有个皇父摄政王是多么美滋滋的事儿了吧?

多尔衮

顺治-福临

要不是您和我大哥豪格相持不下，又怎么会想到我?

大清王朝(13)

多尔衮

对比一下李自成和崇祯的境遇，你该知足了。

努尔哈赤

福临，自信点儿，可不能让爷爷失望哦！

顺治-福临

谢爷爷鼓励，虽说我是议政王大臣会议一致认可通过的，奈何我一点用武之地都没有。

顺治-福临

努尔哈赤

说起议政王大臣会议，我在位时就初步形成了，主要是为了大家伙儿一起商议决策军国大事，传到你那里，有什么问题吗？

大清王朝(13) …

顺治-福临

名义上是我在位，实则是十四叔摄政，议政王大臣会议完全听他一个人使唤，我就连发布个新闻那都是难于上青天呐！

努尔哈赤

@多尔衮 你出来解释一下。

多尔衮

爸爸，我都是为了咱们大清好嘛，想当年福临还小，有很多紧要事那可是等不得的！

顺治-福临

比如，整肃豪格……

努尔哈赤

皇父摄政王：由于多尔衮在清军入关的过程中功勋卓著，被顺治先后称“叔父摄政王”“皇叔父摄政王”（1645年），以至“皇父摄政王”（1649年）。他凌驾于诸王之上，入朝可不拜，百官皆跪迎。

崇祯十七年（1644年），李自成攻陷明都城墙，崇祯帝于紫禁城后的万岁山（今北京景山）歪脖树上自缢身亡。

议政王大臣会议：努尔哈赤时雏形初现，由努尔哈赤的子侄和理事大臣组成。多尔衮摄政时期，议政王大臣会议成为其决策机构，并成为与其他亲王争权夺利的工具。

豪格因即位等事与多尔衮有过节，被下狱除爵，最终死于狱中。

顺治看到皇太极“躺平”，想起自己和父亲在面对挚爱之人时的同病相怜，不免悲从中来，又听多尔衮强调扶持自己即位的功劳，愈加愤懑不平，正要诉说衷肠，没承想多尔衮居然请孝庄来当救兵。

〈 大清王朝(14) …

多尔衮

福临，做人不能这么不讲武德，好歹我也辅助你实现了大清政权的平稳过渡！

顺治-福临

叔叔怕是醉翁之意不在酒吧！

多尔衮

我真是哑巴吃黄连，有苦难言，我要请孝庄文皇后进群为我评评理。

顺治-福临

要请也是我请！

宣统-溥仪

你俩都没权限，还是我来吧。

"宣统-溥仪"邀请"孝庄"加入了群聊

孝庄

我是博尔济吉特·布木布泰。

康熙-玄烨

欢迎奶奶进群，正是受您的熏陶和教导，才使我成为一代圣明之君！

大清王朝(14)

宣统-溥仪

孝庄文皇后足智多谋，团结各方势力，多次协助大清渡过重大危机。更重要的是，她从来不逾越权力的边界，永远都是在幕后默默支持。

光绪-载湉

仅凭这点，某禧就差了几个段位。

孝庄

努尔哈赤

那福临这孩子应该挺有出息吧?

孝庄

孝庄

福临这孩子，有当皇帝的慧根，只可惜，让我白发人送黑发人。

大清王朝(14)

宣统-溥仪

其实，不光是顺治爷，同治爷也没逃过天花病毒，而且他驾崩的年纪比顺治爷还小5岁呢……

划重点

后世对孝庄文皇后评价一直甚高，主要因其性情淡泊，不爱奢华，崇尚节俭，不喜权力，但政治手段高明，足智多谋，拉拢汉人，从不专权。

慈禧：咸丰帝懿贵妃，后在同治、光绪两朝以太后身份垂帘听政，操纵皇位废立，嗜权如命，顽固保守，穷奢极欲。

由于同治无子，慈禧择其表弟光绪继任，光绪依旧无子，慈禧又择其侄宣统继任。

顺治和同治都死于天花，顺治年仅24岁，同治年仅19岁。

大清王朝(14)

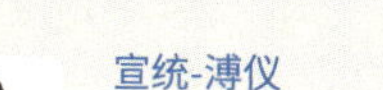

宣统-溥仪

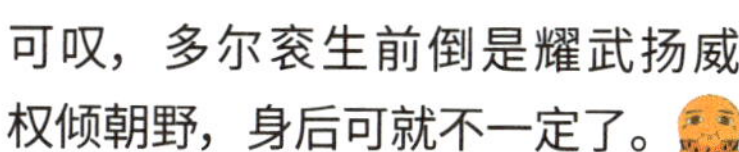

可叹，多尔衮生前倒是耀武扬威，权倾朝野，身后可就不一定了。

多尔衮

好歹我也是讨伐南明、进军中原的优秀策划者，给我加个成宗的封号不为过吧？

顺治-福临

水满则溢，月盈则亏。

康熙-玄烨

剥夺封号只是第一步，还有掘墓、毁坟鞭尸、打击党羽……

多尔衮

孝庄

听不下去了，福临啊，想不到你一个佛教信徒居然能下得了手，怎么说那也是你亲叔叔啊！

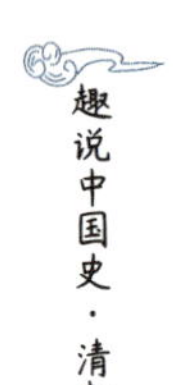

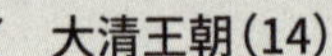

划重点

多尔衮入关后，征服了中原大部分地区，并将“南明”的势力范围推到了遥远的中国西南地区。

顺治七年（1650年），多尔衮狩猎时不慎坠马，不治而亡，被追尊为诚孝义皇帝，庙号成宗。仅两个月后，顺治亲政，以多尔衮摄政时独断专行、迫害豪格为由，除去其封号，并掘其墓，斩其头骨，其党羽多人受到牵连。

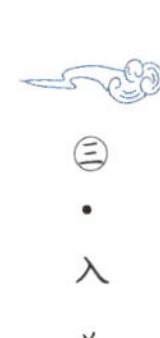

早在太祖努尔哈赤时，藏传佛教就已经传入赫图阿拉。努尔哈赤常手持念珠，并在赫图阿拉建立佛寺。皇太极在位时建立实胜寺。顺治自幼受到佛教的熏陶，后因董鄂妃病故，万念俱灰，故而借助参禅以消解苦闷，然出家未遂。

乾隆四十三年（1778年），相隔一个多世纪后，乾隆帝下旨为多尔衮平反，并恢复其睿亲王的封号。

顺治对康熙为多尔衮求情，乾隆为多尔衮修墓表示强烈不满，于是决心举例说服大家。

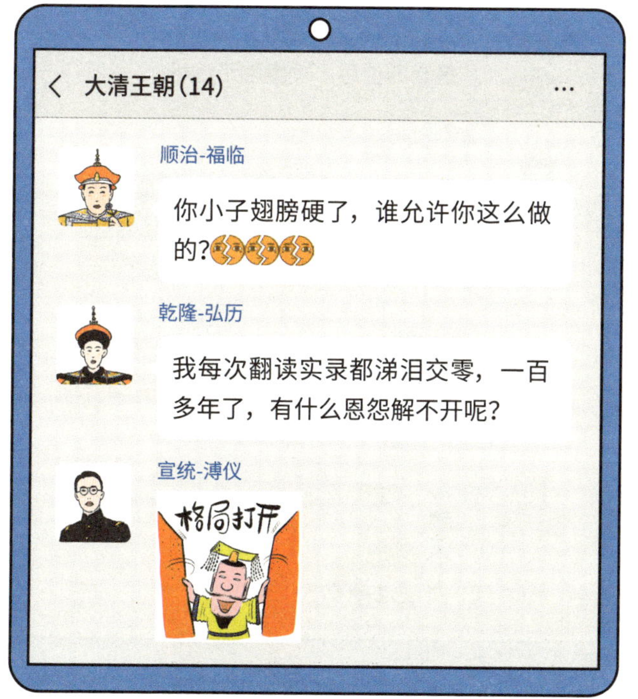

大清王朝(14)

顺治-福临

你小子不了解倒也情有可原，就说多尔衮进北京城刚两天，就规定原住城民剃发易服，给咱们满人腾地方，还下令圈占北京城以外的农业用地，结果引起了大暴动……

宣统-溥仪

一顿操作猛如虎，一看战绩零杠五！

康熙-玄烨

是我即位后，才废除了圈地。

乾隆-弘历

这实属操之过急了，但睿亲王沿袭明制，实行三年一次的科举考试，不也是为了缓和满汉的关系吗？

顺治-福临

那投充又怎么解释？

顺治-福临

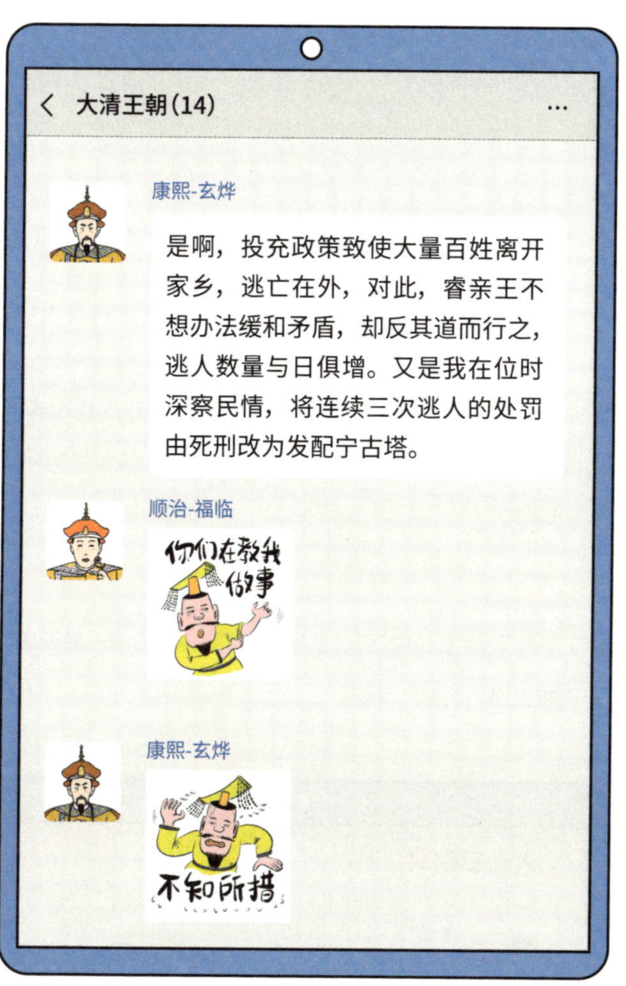

划重点

顺治元年（1644年），多尔衮因碍于南明政权，颁布法令暂时

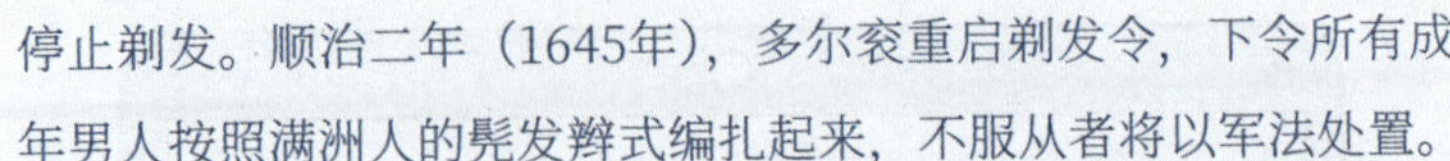

停止剃发。顺治二年（1645年），多尔衮重启剃发令，下令所有成年男人按照满洲人的髡发辫式编扎起来，不服从者将以军法处置。

圈地：为满足八旗贵族及解决官兵生计的需要，自顺治元年（1644年）伊始，多尔衮先后三次颁布圈地令，此举严重破坏了京畿和北方地区的农业生产。康熙八年（1669年），康熙帝明令禁止圈地。

投充：由于圈地需要人力耕种，顺治二年（1645年），多尔衮颁布投充法，允许八旗官民招收贫民屯垦，原为百姓生计，后满人强迫汉人投充，于是大量汉人陆续逃亡，多尔衮为此制定逃人法，以重刑惩治逃人。

顺治与康熙、乾隆的讨论，引起了皇太极的兴趣。顺治一面叙说如何了结多尔衮，一面叙说自己的亲政举措。

大清王朝(14)

多尔衮

树倒猢狲散呐！

康熙-玄烨

在解决内部矛盾后，爸爸终于可以安心治理国家了。

顺治-福临

没那么容易，我6岁登基，亲政的时候不过14岁。为了不掉队，我天不亮就起床，恶补汉文，背诵名家名篇……现在想来，倒也是一段刻骨铭心的日子。

雍正-胤禛

三更灯火五更鸡，勤政男儿正当时。

乾隆-弘历

康熙-玄烨

大清王朝(14)

顺治-福临

我亲政后发现，当务之急是修复满汉关系。我鼓励汉人入仕，颁布《六谕》教化百姓从良向善，设立由汉人掌控、满人监督的十三衙门，恢复翰林院，盟蒙封藏……

雍正-胤禛

没想到，顺治爷和我一样，虽在位时间不长，却做了许多利国利民的大事！🙏🙏🙏

顺治-福临

浓缩的都是精华嘛，最重要的是由我开始，咱们大清无论是在对外条约还是外交文件上，都称为“中国”。

康熙-玄烨

是的，爸爸，我后来将您“中国”的理念深入落实到与俄人签订的《尼布楚条约》之中。

济尔哈朗为舒尔哈齐第六子，努尔哈赤之侄，受封为和硕郑亲王，也是“铁帽子王”之一。多尔衮去世后，济尔哈朗宣布顺治亲政，并控告多尔衮僭越皇权，剿灭多尔衮集团。

顺治即位后，不仅熟练掌握汉语，招揽了一大批汉人精英，还用中原王朝的体制改革清制，如亲领上三旗，瓦解入八分制（即清朝宗室贵族的等级制度），以此削弱满洲贵族的权力。

自顺治帝开始称清朝为“中国”，康熙二十八年（1689年）第一次在国际法的层面上确立了“中国”的概念。

顺治算得上兢兢业业，却因为长年的压抑身体羸弱，后又不幸染上天花，不治而亡。在临死前，顺治还是妥善安排了后事。

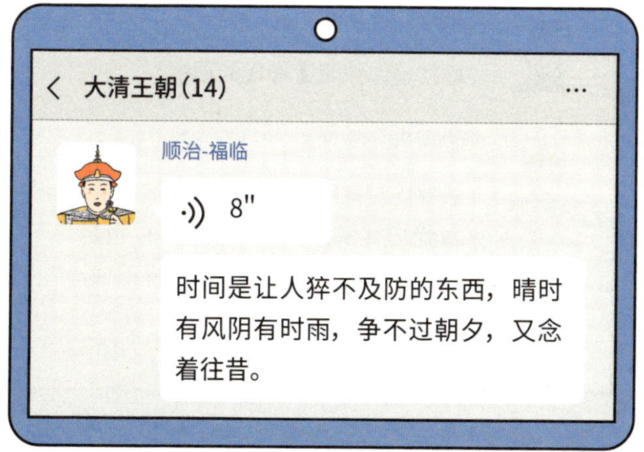

大清王朝（14）

顺治-福临

可惜，除了幸福，我什么都有了。

多尔衮

努尔哈赤

身在福中不知福，莫不是因为天花病糊涂了。

顺治-福临

家族遗传，加上多年来十四叔“加持”下的 PTSD，无药可医。

孝庄

这就是你独宠董鄂氏的理由？

顺治-福临

董鄂氏对皇后百般恭敬，胸襟宽阔，为我排忧解难，对您 @ 孝庄 也是至诚至孝，可叹自古深情留不住，最难生在帝王家！

大清王朝(14)

乾隆-弘历

康熙-玄烨

爸爸已经很出色了，病得迷迷糊糊的时候还心念大清，特意将皇位传给我，避免争端，还钦定四大辅臣。

雍正-胤禛

爷爷真的很有魄力，遗诏中字字句句都是在反思自己。

宣统-溥仪

我倒觉得这遗诏有点蹊跷，顺治爷当时重病缠身，哪有这么好的精力写遗诏？再有，顺治爷是多么自信的一个人，他能批评自己，大家伙儿信吗？反正我不信。

孝庄

这点小心思竟然都被你看透了！

顺治帝曾册立过两位皇后，都是由孝庄文皇后指定的博尔济吉特氏女子，第一位皇后骄纵善妒，最终被废黜；第二位皇后平庸无才，顺治帝对她也很冷淡。

PTSD：一般指创伤后应激障碍，2013年，美国精神病学协会对此概念做出界定——人在经历过情感、战争、交通事故或任何严重事故等创伤事件后产生的精神疾病。

顺治在遗诏中不仅指定索尼、苏克萨哈、遏必隆、鳌拜辅佐康熙，还历数自己在位期间的14条过失，如安于现状、重用汉臣、

对宗室诸王贝勒等满洲亲贵照顾不周、操办董鄂妃丧礼时过于铺张等。结合顺治当时的身体状况及性格分析，遗诏可能是在孝庄文皇后的允准下，由满洲勋贵撰写的。

顺治能顺利登上皇位，离不开多尔衮的辅佐，但多尔衮的存在阻碍了顺治大展身手。事业的困阻使顺治深受其扰，深爱的董鄂妃也先他而去。顺治试图寻求精神的慰藉，却遭到孝庄皇太后的百般劝阻。顺治也曾励精图治，面对严峻的形势，他的人生如昙花一现，留给世人无尽深思。

玄烨

生卒（1654年～1722年）

庙号圣祖，年号康熙

力争上游实干家

康（1662年～1722年）乾盛世奠基人

治国平乱佼佼者

西方文明推广大使

时间管理大师

顺治十一年三月十八日（1654年5月4日），玄烨生于北京紫禁城景仁宫，其生母佟佳氏时为庶妃。《清史稿·后妃列传》载：佟佳氏向孝庄问安，准备离开时看到有龙绕身，孝庄感慨说佟佳氏和自己当年怀顺治的景象十分相似。玄烨自幼勤奋好学，胸怀大志。顺治十八年正月初七（1661年2月5日），顺治突然病逝。因顺治未曾册立太子，临终时接受传教士汤若望的建议，以玄烨出过天花具有免疫力为由选其为继承人，并以遗诏的形式册立玄烨为皇太子。

上集说到，顺治帝在遗诏中字字句句表露出治理国家的过失，根据顺治帝的个人性格以及当时情况分析，遗诏大概率不是顺治帝的授意。由此，众人寄希望于康熙。

大清王朝(14)

孝庄

我儿指望不上，但我的乖孙孙玄烨却让我引以为豪！

康熙-玄烨

感恩皇祖母的陪伴与教导，作为首位生于紫禁城，长于紫禁城的皇帝，我来告诉各位大清盛世的正确打开方式。

雍正-胤禛

雍正-胤禛

深谙爸爸成功之道才能投其所好。

乾隆-弘历

此情此景，我想作诗一首：成功的男儿，人们只惊艳他现时的成就，然而当初他的青春，浸透了奋斗的泪泉，洒遍了努力的汗雨。

大清王朝(14)

康熙-玄烨

此诗甚合我意，身为顺治爷的第三个儿子，我集三重血统于一身。在爸爸大渐弥留之际，因为我顽强的生命力和优秀的执行力，不满8岁就成功坐上天选之子的直通车。

雍正-胤禛

为什么我就没这么好命？我历经44个年头才排上天选之子的站票。

乾隆-弘历

乾隆-弘历

要不是爷爷看重我，您可能连站票都没得……

雍正-胤禛

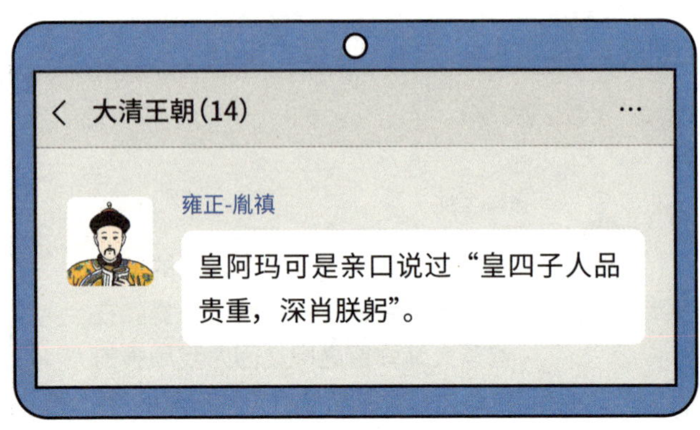

划重点

康熙帝的父亲顺治是满族人，祖母孝庄文皇后是蒙古族人，母亲佟佳氏是汉族人，融合了满、蒙、汉三种血统与文化。

天选之子：顺治驾崩后，康熙的二哥福全（生母为庶妃董鄂氏）未能即位的原因据说是他没出过天花，且有一只眼睛残疾。康熙自幼年天赋异禀，勤奋刻苦，即位后每日读书长达数个时辰，甚至因学习过度而呕血。

雍正于公元1678年出生，是康熙第四子，1722年（44岁）才登上皇位。康熙在遗诏中曾提到“皇四子胤禛人品贵重，深肖朕躬，必能克承大统”。

康熙的自我介绍点燃了雍正和乾隆，作为清朝鼎盛时期的执政者，雍正和乾隆不免有些飘飘然，康熙便现身说法。

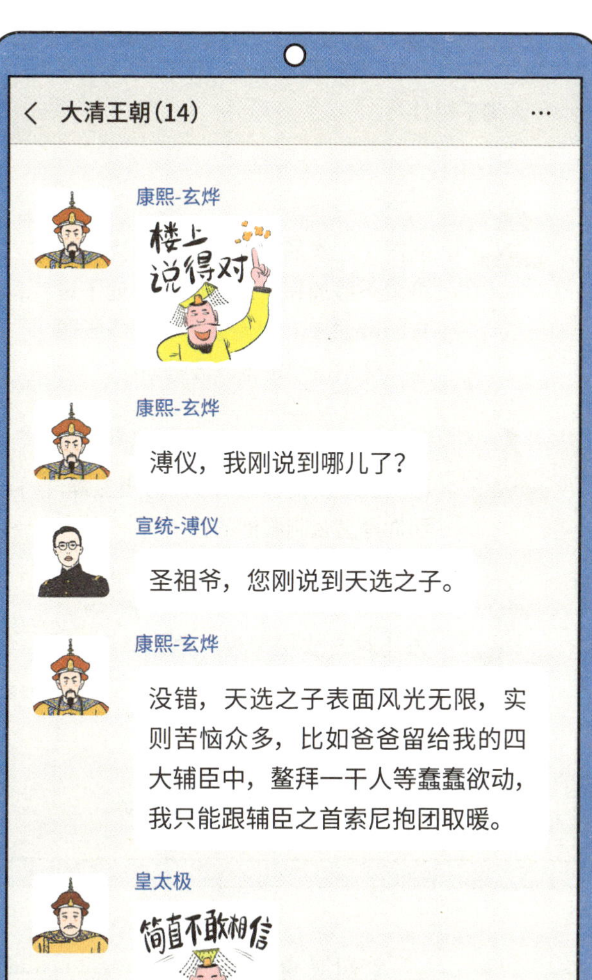
大清王朝(14)
康熙-玄烨
楼上说得对
康熙-玄烨
溥仪，我刚说到哪儿了？
宣统-溥仪
圣祖爷，您刚说到天选之子。
康熙-玄烨
没错，天选之子表面风光无限，实则苦恼众多，比如爸爸留给我的四大辅臣中，鳌拜一干人等蠢蠢欲动，我只能跟辅臣之首索尼抱团取暖。
皇太极
简直不敢相信

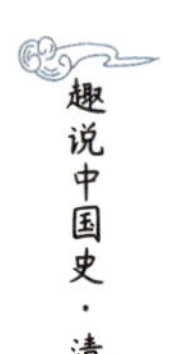

大清王朝(14)

康熙-玄烨

别提了，索尼上了年纪，苏克萨哈声望不够加持，遏必隆后来成了鳌拜的跟屁虫，致使鳌拜愈发嚣张跋扈，竟然擅作主张，滥杀朝臣。

努尔哈赤

岂有此理，简直过分到家了！玄烨，那你是怎么制服他的？

康熙-玄烨

先让对方放松警惕，再出其不意，攻其不备。

顺治-福临

我儿年少多谋，为父甚是欣慰。

划重点

康熙四年（1665年），康熙帝大婚，册立辅臣索尼之孙女赫舍里氏为皇后。

四大辅臣中，索尼老迈，苏克萨哈资浅望轻，遏必隆软弱，三人都不能与鳌拜抗衡。

索尼，赫舍里氏，满洲正黄旗人。康熙四年（1665年），索尼孙女（噶布喇之女）成为康熙帝的孝诚仁皇后。索尼在世时，尚能与鳌拜抗衡。然而，康熙六年（1667年），一等公索尼去世，鳌拜权倾朝野。

鳌拜，瓜尔佳氏，满洲镶黄旗人。鳌拜虽军功显赫，心怀忠义，但因桀骜不驯，肆意妄为，后被康熙设局捉拿。康熙以操握权柄、结党营私之罪，将鳌拜收押大牢，后康熙念其功劳，免其死罪，改为囚禁，不久鳌拜死于禁所。

苏克萨哈，那拉氏，满洲正白旗人，为阻止鳌拜的专权行为，受到鳌拜诬陷，最终被处以绞刑。

遏必隆，钮祜禄氏，满洲镶黄旗人。对于鳌拜独断专行，遏必隆选择明哲保身，后康熙帝惩治鳌拜时，遏必隆被下狱。

康熙年幼即位，朝中大权被鳌拜操控，为了对付鳌拜，康熙表面对鳌拜毕恭毕敬，悄悄训练打手，最终将鳌拜制服。

大清王朝(14)

康熙-玄烨

受您开明思想的影响，我不仅亲自组织编纂了一系列科学文化丛书，还为您十分赏识的汤若望传教士平反了。

雍正-胤禛

乡下人羡慕的眼神

雍正-胤禛

爸爸真是学贯中西！

顺治-福临

汤教士是我学习西方文明的启蒙老师，你们把他怎样了？

康熙-玄烨

说起来，这件事鳌拜也是主谋，他反对西洋学说，不仅废除新历，还和钦天监官员杨光先合谋给汤教士定了凌迟罪……

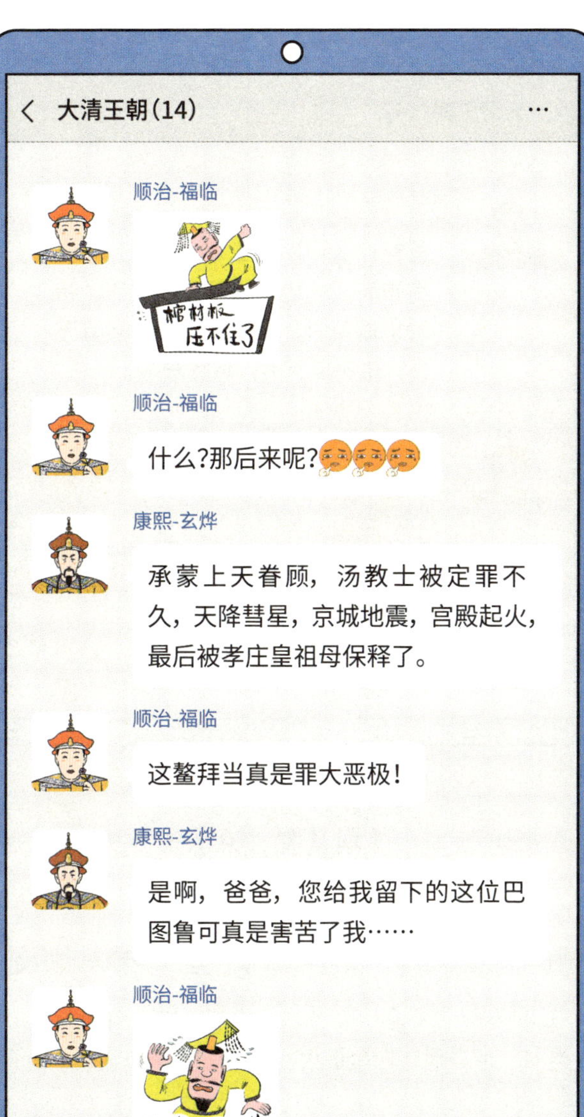

大清王朝(14)
顺治-福临
棺材板
压不住了
顺治-福临
什么?那后来呢?
康熙-玄烨
承蒙上天眷顾，汤教士被定罪不久，天降彗星，京城地震，宫殿起火，最后被孝庄皇祖母保释了。
顺治-福临
这鳌拜当真是罪大恶极!
康熙-玄烨
是啊，爸爸，您给我留下的这位巴图鲁可真是害苦了我……
顺治-福临
不知所措

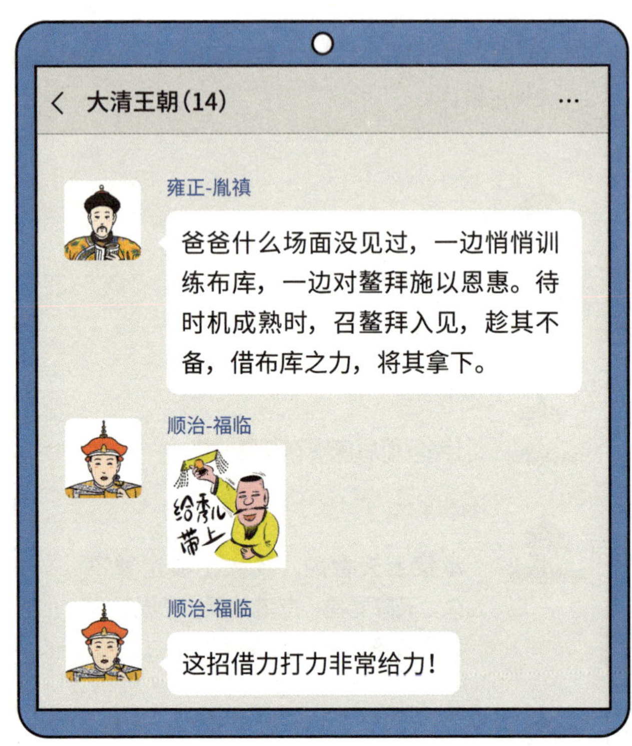

《古今图书集成》：清康熙四十年至四十四年间（1701年～1705年），福建侯官县人陈梦雷在《图书汇编》的基础上主持编辑的大型类书，也是现存规模最大、资料最丰富的类书。

《康熙皇舆全览图》：康熙四十七年（1708年）下令编绘，是我国第一次经大规模实测、用科学方法绘制的地图，在中国地图发展史上具有重要意义，被视为世界地理学的杰作。

《康熙字典》：成书于清朝康熙五十五年（1716年），是一部记录了当时汉语中汉字的点画写法、音读和义训的字典。

康熙历狱：又称汤若望案，发生于康熙亲政之前，因鳌拜敌视传教士，伙同钦天监官杨光先等人指斥汤若望潜谋造反、邪说惑众、历法荒谬，判以凌迟之刑。不久后，天降彗星，孝庄太后下发懿旨，汤若望被释放。康熙帝亲政后，为汤若望平反。

崇德二年（1637年），鳌拜在皮岛之战中取得首功，晋为三等男爵，赐巴图鲁勇号。康熙六年（1667年），赐遏必隆、鳌拜加一等公。康熙七年（1668年），加鳌拜、遏必隆太师。

布库：满族摔跤。崇德二年（1637年），皇太极要求满洲、汉军士卒一同演练布库，甚至连亲王和皇帝本人也要练习。

智取鳌拜：康熙八年（1669年），康熙帝召鳌拜入南书房谈话，鳌拜因接了烫手的茶杯而摔倒，被内监拿下，后康熙帝念其功劳，免其死罪，囚于禁所。

鳌拜刚被制服不久，几位藩王蠢蠢欲动，康熙忧心忡忡。

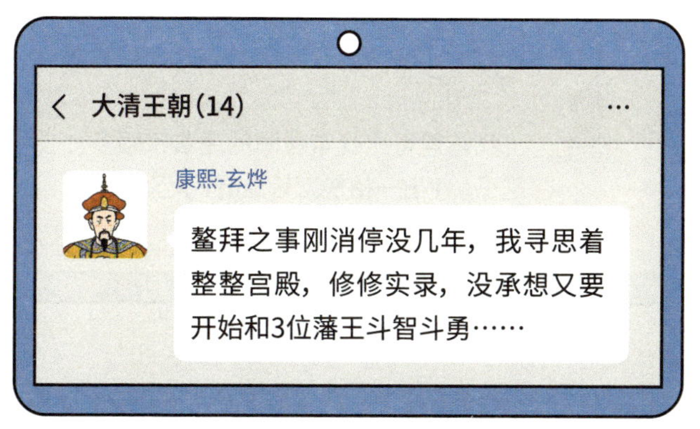

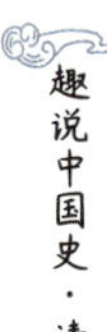

大清王朝(14)

宣统-溥仪

一波未平一波又起……

多尔衮

我当年入关时实行以汉制汉，分封的3位……哦不对，是4位汉人藩王，怎么后来变成3个，还犯上作乱?

康熙-玄烨

因定南王孔有德一家（除其女孔有贞外）皆被南明李定国所害，无人继承藩位，就自动撤销了。至于尚可喜，他倒是有自知之明，率先自请撤藩，但吴三桂等人虽假意请求撤藩，却小动作不断，后来干脆自立了……

宣统-溥仪

三藩之乱前前后后折腾了8年之久，让我想起唐末的安史之乱……

雍正-胤禛

我爸爸可比晚年昏聩的唐玄宗强多了，使出一招快刀斩乱麻，大义灭亲。

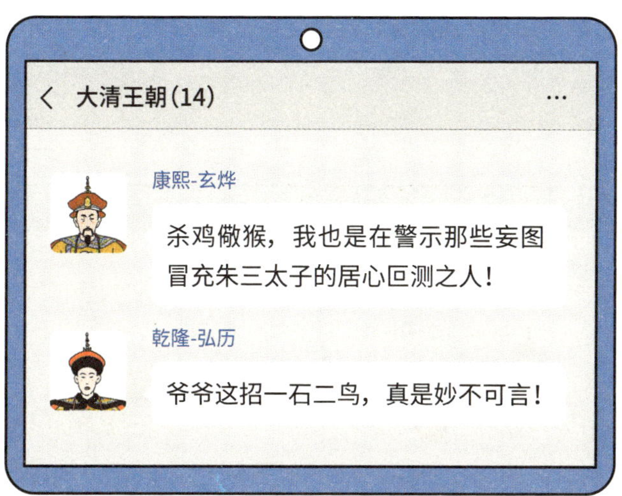

4位汉人藩王：吴三桂于顺治元年（1644年）被封为平西王，镇守云贵、四川；孔有德于顺治三年（1646年）被封为定南王，镇守广西；尚可喜于顺治六年（1649年）被封为平南王，镇守广东；耿仲明于顺治六年（1649年）被封为靖南王，镇守福建，康熙十年（1671年），耿仲明之子（耿精忠之父）耿继茂去世，耿精忠袭封。

康熙十二年（1673年），吴三桂起兵反清，康熙处死吴应熊（吴三桂之子、皇太极第十四女建宁公主的额驸）及其子吴世霖。康熙十七年（1678年）三月，吴三桂在湖南衡阳登基称帝，国号为周，同年八月病逝。康熙二十年（1681年），吴三桂之孙吴世璠自杀，三藩之乱彻底平定。

康熙十二年（1673年）至康熙六十年（1721年）共出现10起意图反清复明，自称为“朱三太子”的事变，最终都被镇压。

大清王朝(14)

康熙-玄烨

是时候展现真正的实力啦！

宣统-溥仪

圣祖爷真是深藏不露。

顺治-福临

请开始你的表演

康熙-玄烨

海隅久念苍生困，耕凿从今九壤同。

雍正-胤禛

爸爸，您不是下令海禁吗？

大清王朝(14)

康熙-玄烨

此一时彼一时了。之前海禁那是为了防止内地民众与海上势力组成反清小团体。现在就不一样了，台湾复得，天下归心，格局打开！

乾隆-弘历

为夯实战斗成果，爷爷顺水推舟，隶属福建省的台湾府就正式确定了。

康熙-玄烨

收复台湾后，我不仅开放海禁，吸引了大批移民屯垦，还设立广州、漳州、宁波、云台山4个通商口岸。

雍正-胤禛

我即位后，在台湾增设一县两厅，还扩大了移民的人群范围。

乾隆-弘历

我进一步完善了入台的安居政策，推动了台湾当地的贸易发展。

划重点

前文诗句出自康熙的《中秋日闻海上捷音》，作于康熙二十二年（1683年）八月十五日，恰逢台湾捷报传入宫中。

明朝天启四年（1624年），荷兰人登陆台湾岛。顺治十八年（1661年），郑成功收复台湾。康熙二十一年（1682年），清廷以郑氏降将施琅为福建水师提督，准备攻台。康熙二十三年（1684年），台湾府设立，台湾被正式纳入清朝版图。

雍正元年（1723年），清廷在台湾设彰化县、淡水厅。雍正五年（1727年），清廷在台湾增设澎湖厅。

乾隆二十五年（1760年），准台民携眷入台，后规定百姓无需凭证亦可举家迁徙入台。

随着陆地环境的稳定，康熙对未来充满信心，开始对海疆的管理做起了规划。

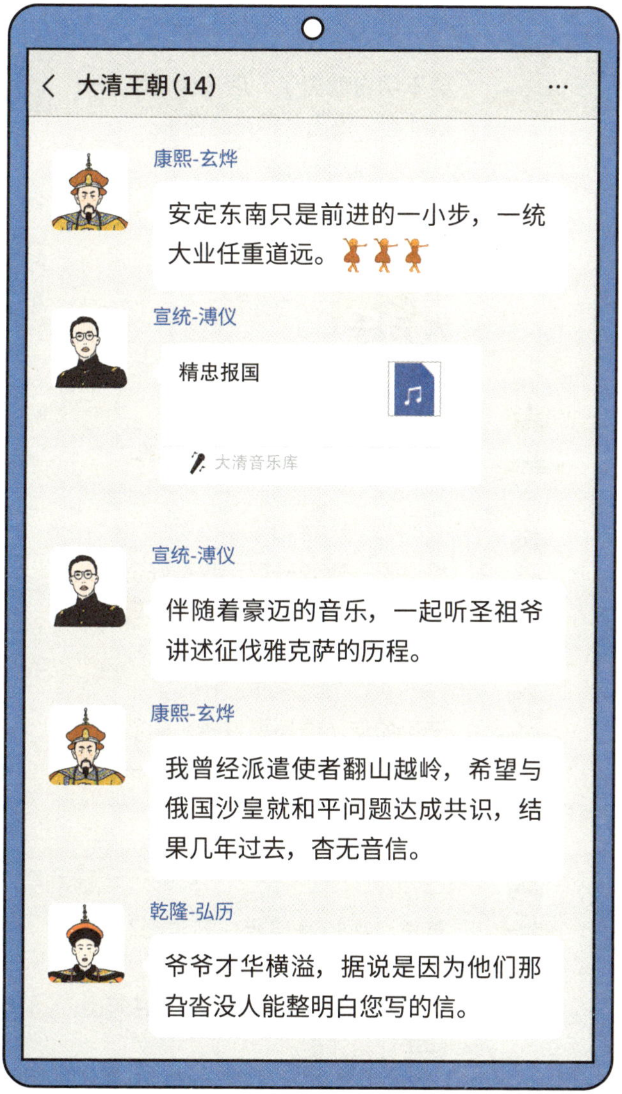

大清王朝(14)

康熙-玄烨

安定东南只是前进的一小步，一统大业任重道远。

宣统-溥仪

精忠报国

大清音乐库

宣统-溥仪

伴随着豪迈的音乐，一起听圣祖爷讲述征伐雅克萨的历程。

康熙-玄烨

我曾经派遣使者翻山越岭，希望与俄国沙皇就和平问题达成共识，结果几年过去，杳无音信。

乾隆-弘历

爷爷才华横溢，据说是因为他们那旮沓没人能整明白您写的信。

大清王朝(14)　…

康熙-玄烨

整不明白就罢了，后来倒是来了一群使者，提出各种奇葩要求。

康熙-玄烨

乾隆-弘历

那当真得给他们点儿颜色瞧瞧。

乾隆-弘历

都说吃一堑长一智，我真好奇俄国沙皇是哪里来的自信?

康熙-玄烨

无论如何，结局是好的，索额图也算争气，用一纸条约换取了一百多年的和平。

雍正-胤禛

爸爸，您怕是被蒙在鼓里吧？您在位时的一纸《尼布楚条约》，把我大清300多万平方千米的大好河山，拱手让给沙俄。

雅克萨之战：由于沙俄的扩张，康熙二十四年（1685年），萨布素率领清军进攻雅克萨，俄军统领托尔布津乞降，清军收复雅克萨。同年冬，俄军重占雅克萨，筑城据守。康熙二十五年（1686年）五月，清军再围雅克萨，后在沙俄政府请求下撤围，两次雅克萨之战有力阻止了沙俄南侵，维护了东北边境的和平。

战后，双方达成协议，签订《中俄尼布楚条约》，内容主要为划定中俄以格尔必齐河、额尔古纳河、外兴安岭作为中俄两国东段的边界。

康熙借助《尼布楚条约》与沙俄达成和平共识，试图通过多伦会盟平定“百足之虫，死而不僵”的噶尔丹。

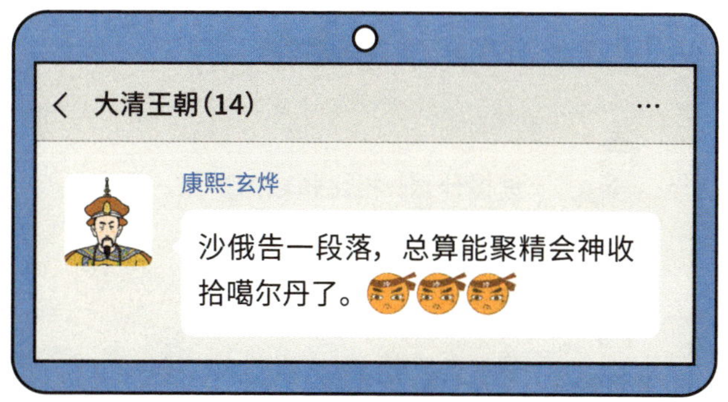

大清王朝(14) …

雍正-胤禛

这个噶尔丹，吹牛顶尖，逃跑的时候比谁都快。

乾隆-弘历

不和他一般见识就得了，他还来劲。

康熙-玄烨

犯我大清者，虽远必诛！

嘉庆-颙琰

圣祖爷软硬兼施，攻抚兼用，率先借助多伦会盟搭建了强大的后备友军团。

雍正-胤禛

也正是这次会盟，有大臣因见长城年久失修，提议拨款修缮，但爸爸干脆拆了。

康熙-玄烨

你懂什么！相比疆域的扩张，我更看重的是人心归一。

乾隆-弘历

爷爷真厉害，做人当有大格局！

三征噶尔丹：噶尔丹为蒙古准噶尔部首领，他依仗沙俄的支持，嚣张跋扈。康熙九年（1670年）、康熙二十九年（1690年）、康熙三十五年（1696年）三次发兵征讨，最终在昭莫多之战中，清军歼灭噶尔丹叛军主力。噶尔丹众叛亲离，服毒自尽。

多伦会盟：为调解喀尔喀蒙古各部之间的矛盾，康熙三十年（1691年），康熙在多伦诺尔（今多伦县）与蒙古各部贵族进行会盟，会盟标志着喀尔喀蒙古正式并入清朝。

康熙帝废弃长城，实际是为了突破以往狭隘的民族主义思想，同时也是为了彰显其“天下一家”的思想。

康熙多措并举，对外和平交涉，对内勤政爱民，后宫雨露均沾，人丁兴旺。

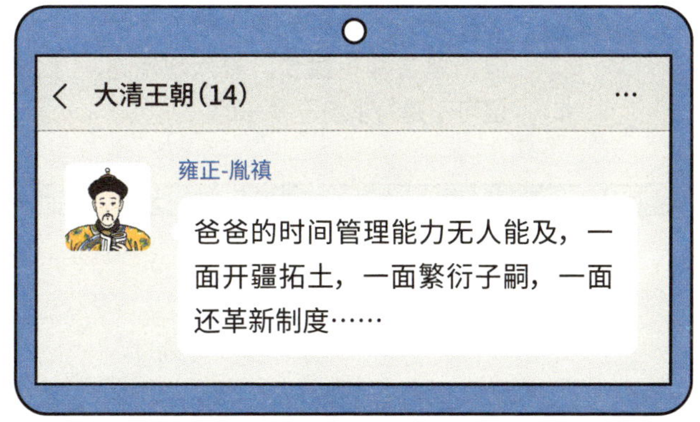

大清王朝(14)

康熙-玄烨

为了平衡内阁与议政王大臣会议，我首设南书房。没想到一举两得，办事效率也大大提高。

雍正-胤禛

受您的启发，才有了我即位后的军机处。🙏🙏🙏

康熙-玄烨

我在位期间，关注民生，整顿税收，疏通漕运，亲临孔庙，多次举办博学鸿儒科，招揽贤才。

宣统-溥仪

圣祖爷累累功绩，惊为天人。

康熙-玄烨

这还没完，晚年的我虽精力不济，但仍坚持减免赋税，曾六次南巡，但可不是为了自己享乐的。

大清王朝(14)

乾隆-弘历

爷爷此行主要是奔着学知识去的。根据传教士的记录，爷爷会亲自召见那些出身卑微的劳工，通过和他们交谈，爷爷的方言识别库不断扩充，真是读万卷书，不如行万里路。

宣统-溥仪

可惜，在储君的选择上，圣祖爷终究是错付了。

雍正-胤禛

那也是因为二哥失德。

划重点

康熙十六年（1677年），设立南书房。康熙精选一批翰林院儒臣，在乾清宫西南的南书房当值。南书房儒臣参与谋议、拟写诏旨，与皇帝联系紧密。他们尽管品级不高，却深受皇帝重视。

康熙十六年（1677年），康熙帝着手治理黄河。到康熙二十三年（1684年），历时7年的整治黄河工程完成。

胤礽为康熙第二子，生母为赫舍里氏，由于赫舍里氏早殇，他便被立为皇太子。然而，康熙患病时发觉胤礽觊觎皇位后，废黜胤礽。后又复立，再以罪废黜。

历数生平功业，康熙心满意足，尤其是子嗣兴旺的原因，引起群里热议。

大清王朝(14)

雍正-胤禛

这与爸爸在位时的后妃制度有关。

顺治-福临

其实我在位时，为了倡导自由恋爱，就确立了选秀女制度。

宣统-溥仪

所以圣祖爷的后妃制度是从世祖爷选秀女制度中获得的灵感。

同治-载淳

@ 光绪 - 载湉 是我们不配！

宣统-溥仪

两位伯父认清现实，经济基础决定上层建筑，选秀女何尝不是烧钱？

雍正-胤禛

你们都别抱怨了，子嗣多有子嗣多的难处，闹得好端端的一家人都不能和睦相处了。

康熙多次亲自出京巡视，了解民情吏治，巡视黄河河道，督察河工，并下令整修永定河河道。

同治、光绪、宣统三位皇帝均无子嗣。

顺治帝与第一任皇后博尔济吉特氏（由多尔衮为其包办）多有不和，不仅强行废后，并试图亲自择后，由此出现了清代选秀女制度的雏形。据《大清会典》，清代选秀女制度自顺治年间落定，历经康熙、乾隆、嘉庆等朝多次修订，逐渐成为定式，直至光绪末年。挑选秀女由户部主办，康熙帝、同治帝、光绪帝都曾通过选秀女来充实后宫。值得一提的是，选秀一词最早就是清朝发明的。

清代帝王的后妃主要来源于秀女。康熙时后妃制度趋于完善，按照次序，分为八等：皇后一人；皇贵妃一人；贵妃二人；妃四人；嫔六人；贵人、常在、答应、官女子均无定数。康熙帝拥有后宫正式封号的嫔妃就多于三百人，另外至少有大小答应六百余人。

多尔衮和孝庄太后陆续退出历史舞台，又恢复为12帝王聊天群。

在国家治理上，康熙帝当为中国历代君主中的楷模。然而，康熙帝晚年却沉湎于前半生的功绩，在储君的选择与皇子的教育方面，虽煞费苦心，却事与愿违。在整顿吏治方面，他也采取宽纵的方式，以致浮费增多，国库亏空。

胤禛

生卒（1678年~1735年）

庙号世宗，年号雍正

九子夺嫡MVP

清朝入关后第三位（1723年~1735年）皇帝

工作达人

内卷王者

土味情话之王

百变大咖

康熙十七年十月三十日（1678年12月13日），雍正出生于北京紫禁城永和宫，因其生母乌雅氏出身低微，雍正刚满月不久就由孝懿仁皇后佟佳氏抚养。康熙六十一年十一月十三日（1722年12月20日），康熙帝因病于畅春园去世，皇四子雍亲王胤禛即位。对于即位情形，雍正在《大义觉迷录》中表示，康熙将诸兄弟及隆科多召于榻前，传谕“皇四子人品贵重，深肖朕躬，必能克承大统，著继朕即皇帝位”。当然，这是雍正的说法，目前关于雍正是否合法即位尚存在争议。

上集说到康熙子嗣繁多，雍正深受其苦，更因即位之事是非不断。情急之下，雍正决定为自己正名，以推翻世人对他的刻板印象。

大清王朝(12)

雍正-胤禛

大家好，我就是那个给历史留下了争议，也留下了功绩的皇帝胤禛。这是我第一次主动召开发布会，大家可尽情提问。

嘉庆-颙琰

您在位这13年批阅4万多件奏折，身体吃得消吗?

宣统-溥仪

这还没算上世宗爷500多万字的自由创作呢!

咸丰-奕詝

雍正-胤禛

主要是我这皇位来之不易啊!历经44个年头，从四阿哥、多罗贝勒，到和硕雍亲王，最终逆袭为大清一把手，我太难了!

大清王朝(12)

康熙-玄烨

儿啊，我早跟你说过要劳逸结合，你怎么就是不听呢?

雍正-胤禛

您以为我愿意这样啊!还不是因为您晚年留下了太多烂尾工程。

康熙-玄烨

终究是错付了!早知如此，我就该把皇位传给你十四弟。

雍正-胤禛

若非您当初犹豫不决，又何来九子夺嫡的骨肉相争?鉴于此，我继位后的第一件事就是建立秘密立储制。

康熙-玄烨

???

康熙-玄烨

划重点

雍正，爱新觉罗·胤禛，“禛”在《说文解字》中意为以真受福，即以至诚之心去感动神灵，获得福佑。

九子夺嫡是指康熙帝的儿子们为争夺皇位而展开的激烈博弈。夺嫡分为早期、中期和后期3个阶段。在早期，共有9个皇子夺嫡。到了中期，九阿哥胤禟、十阿哥胤䄉、十四阿哥胤禵转而支持八阿哥，即八爷党；十三阿哥胤祥支持四阿哥，即四爷党；由此夺嫡分出五个党派：大千岁党、太子党、三爷党、四爷党和八爷党。到了后期，前三个党派逐渐落败，在四爷党和八爷党的角逐中，皇四子胤禛最终脱颖而出。

秘密立储制：自雍正伊始，老皇帝在位时将遗诏事先封入密匣内，悬于乾清宫正大光明匾额后。老皇帝驾崩后，由皇室宗亲、顾命大臣等人启匣公证，立遗诏所定之储君为新帝。

雍正嗜工作如命，为了对付流言蜚语，他煞费苦心。

大清王朝(12)

咸丰-奕詝

世宗爷休息的时间也特别少吧？

乾隆-弘历

是啊，爸爸甚至连为大清开枝散叶都顾不上，只有万寿节那天才肯放松一会儿。

雍正-胤禛

一寸光阴一寸金，寸金难买寸光阴。国家尚未太平，我们仍需努力！

乾隆-弘历

别人都是越努力越幸运，您这是越努力越招黑！

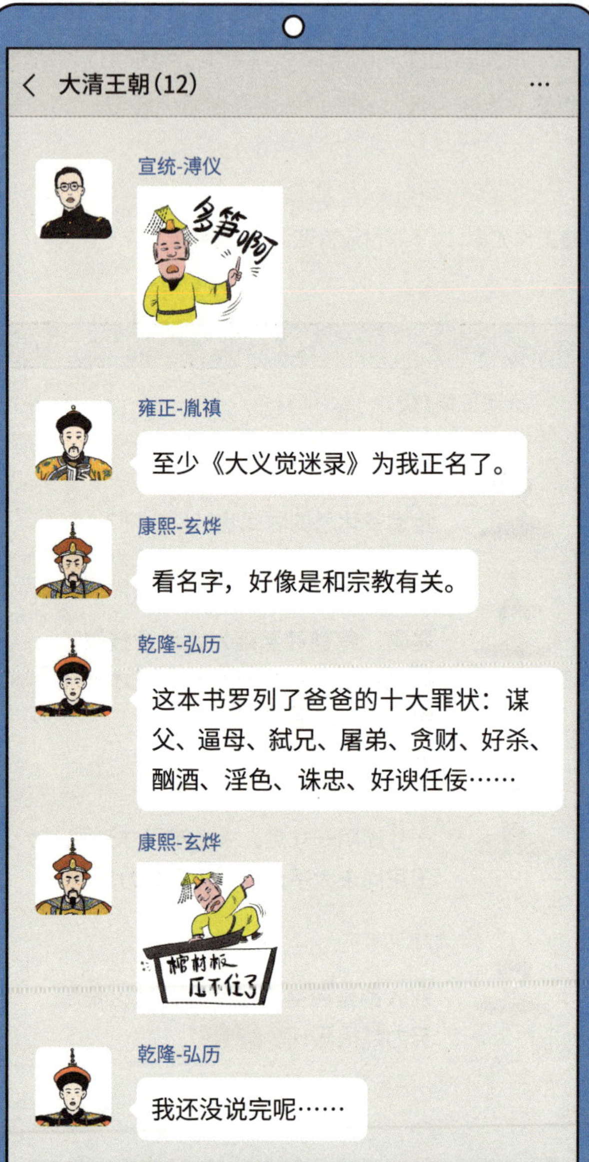
大清王朝(12)
宣统-溥仪
多笋啊
雍正-胤禛
至少《大义觉迷录》为我正名了。
康熙-玄烨
看名字，好像是和宗教有关。
乾隆-弘历
这本书罗列了爸爸的十大罪状：谋父、逼母、弑兄、屠弟、贪财、好杀、酗酒、淫色、诛忠、好谀任佞……
康熙-玄烨
棺材板压不住了
乾隆-弘历
我还没说完呢……

雍正-胤禛

你可闭嘴吧！@乾隆-弘历，这十大罪状是曾静凭空捏造的，后来流言都不攻自破了。

乾隆-弘历

曾静口出狂言，您就该将他千刀万剐！

雍正-胤禛

他也是一时糊涂，受人蛊惑。

宣统-溥仪

但高宗爷还是替您处置了曾静。

雍正-胤禛

乾隆-弘历

我也是为了您的名声着想，三人成虎啊！

雍正共有14个孩子，10子4女。他即位前已有8子4女，即位13年仅生有2子，分别为生于雍正元年（1723年）的福沛和雍正十一年（1733年）的弘瞻。对，就是《甄嬛传》里的六阿哥弘瞻。

万寿节：万寿意为万寿无疆，即皇帝的生日。

《大义觉迷录》描述了曾静等人从反对雍正到拥护雍正这一“大义觉迷”的过程。雍正针对曾静指责他的十大罪状分别进行辩解和驳斥，并派官员带领曾静到处宣讲。乾隆即位后，认为该书揭露皇家秘闻，弄假成真，立即下令禁绝，并将曾静凌迟处死。

雍正不满乾隆对曾静等人的处置，想批评教育乾隆，没想到被乾隆拿他给兄弟改名之事转移注意力。

乾隆-弘历

您对外人倒是不凉薄，对亲兄弟咋没手下留情?

雍正-胤禛

你可别仗着你皇爷爷喜欢你，就在这儿找打。

顺治-福临

他对亲兄弟做了什么?

乾隆-弘历

也没啥，就是除他自己外，他那些胤字辈的兄弟们都被改成了允字辈的，还为我八叔和九叔分别赐名阿其那、塞思黑。

咸丰-奕詝

这名字也太磕碜了吧?

宣统-溥仪

也不怪世宗爷，这两位可没少添乱挑事儿。

光绪-载湉

顺之者昌，逆之者亡。

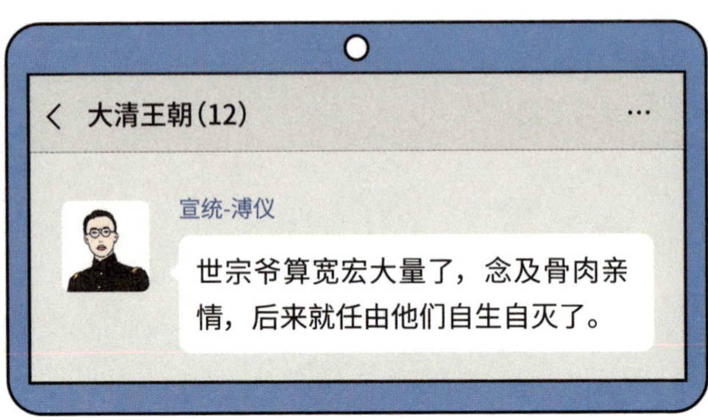

划重点

避讳:《公羊传·闵公元年》载“春秋为尊者讳，为亲者讳，为贤者讳”，此为古代避讳的基本原则。即遇到君主、前辈、贤士等名讳时，应避免说出或写出，以示尊重。通常情况下，避讳采取用字替换或将该字缺笔的方式。

雍正三年（1725年）二月，雍正谕示康熙帝皇八子和皇九子罪状。雍正四年（1726年）正月，雍正帝除皇八子宗籍，易名“阿其那”，意为“冰夹鱼”；同年五月，改皇九子名为“塞思黑”，意为“猪腰子筐”。

康熙劝慰雍正打开和兄弟的心结，雍正却表示苦中作乐，并邀请了张廷玉加入群聊，毕竟有些溢美之词需要靠他来说。

大清王朝(13)

"张廷玉"加入了群聊

康熙-玄烨

儿啊，真是苦了你了。

雍正-胤禛

爸爸，为大清国付出的每一天，我都无比快乐。

乾隆-弘历

太监叫爸爸起床都得这么喊话：黎明即起，万机待理，勤政爱民，事必躬亲，子孙永治，不可忘乎！

雍正-胤禛

然后风雨无阻地前往永和宫向太后请安，再马不停蹄地前往御门打卡。

顺治-福临

一年之计在于晨，自我亲政以来，就规定清晨在太和门御门听政了。

康熙-玄烨

后来我改在了乾清门，若论御门打卡的频次，我可是高居榜首。

大清王朝(13)

张廷玉

世宗爷也是延续了两位大佬的好习惯，才留下了朝乾夕惕的佳话。

咸丰-奕詝

这也太拼了吧！

宣统-溥仪

15"

三分天注定，七分靠打拼，爱拼才会赢……

乾隆-弘历

听说年羹尧有一次给爸爸上贺表，将朝乾夕惕误写为夕阳朝乾，被爸爸好一顿骂。

张廷玉

年羹尧战功赫赫，却居功自傲，最终自食苦果……

宣统-溥仪

那隆科多怎么解释？他拥立世宗爷即位，没有功劳也有苦劳吧。

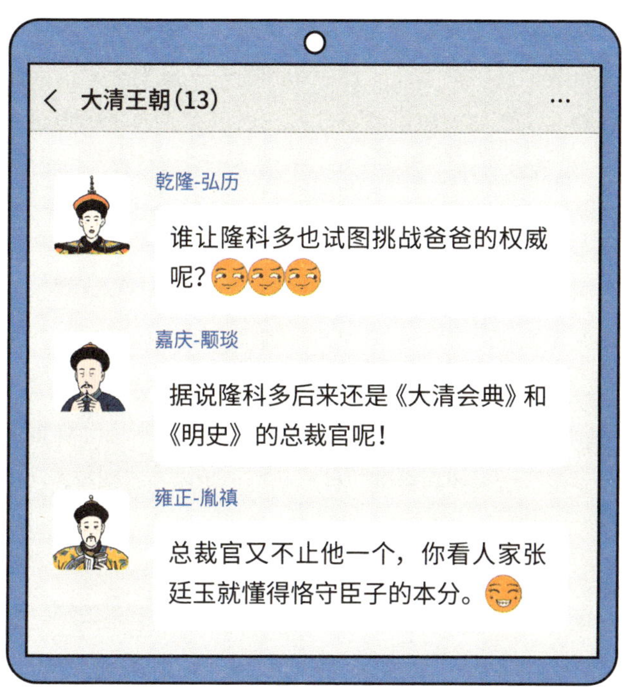

划重点

御门听政是历代勤政的帝王处理政务的一种形式，因听政常在清晨举行，故又称早朝。清初的帝王在太和门听政，康熙帝听政的地点主要在乾清门。雍正帝即位后，将日常政务处理的地点改为养心殿。乾隆帝以后，御门听政常于圆明园勤政殿举行。咸丰朝之后，逐渐取消御门听政。

据《清史稿》载，隆科多为满洲镶黄旗人，康熙帝舅父佟国维之子。年羹尧为雍正帝敦肃皇贵妃的兄长，原属汉军镶白旗，于雍正元年（1723年）被抬入汉军镶黄旗。康熙晚年，隆科多任九门提督兼理藩院尚书，于京中牵制皇八子胤禩等人；年羹尧任川陕总督，于京外牵制手握十几万兵力的皇十四子胤禵。二人内外夹辅，共同助力雍正继承大统，人称“内有隆科多，外有年羹尧”。

隆科多在雍正即位后，被封为总理事务大臣、吏部尚书，加太保等职务。雍正五年（1727年），隆科多被定41款大罪，按大清律例原判斩立决。雍正帝命令减轻判刑，改在畅春园之外建屋三间禁锢。雍正六年（1728年），隆科多死于禁所。年羹尧因平定青海叛乱，征伐西藏有功，深得雍正赏识，官至抚远大将军，权倾朝野，以至于后来拥兵自重，目无法纪，被雍正帝赐死。

由于心心念念处理政务，雍正临时安排张廷玉汇报日常工作。

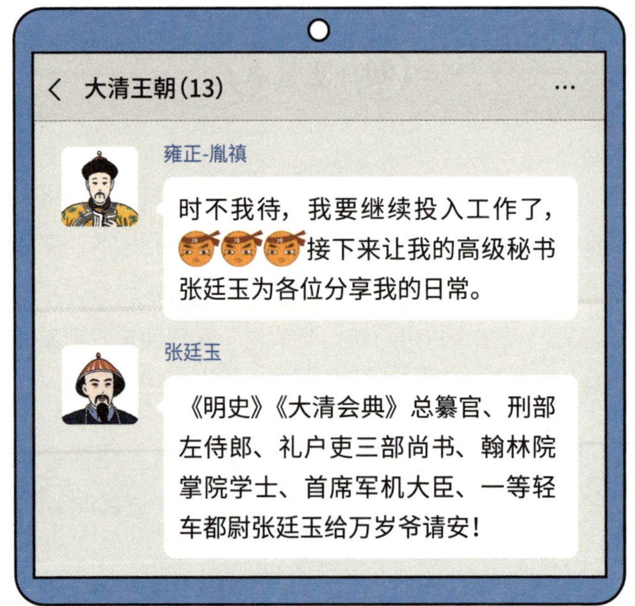

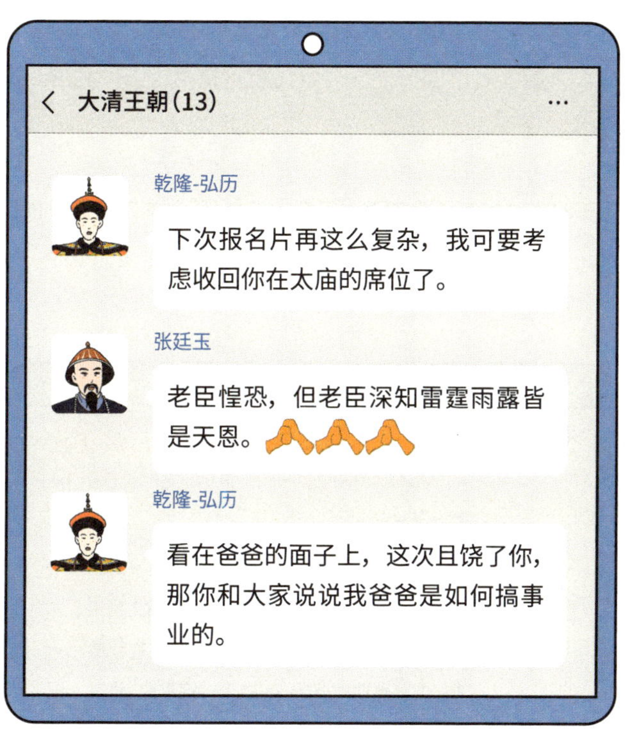

轻车都尉：又称阿达哈哈番，分三等，一等轻车都尉为正三品。

张廷玉为人谨小慎微，是清朝唯一一位配享太庙的汉臣，与鄂尔泰同为雍正驾崩前钦定的顾命大臣。

雍正较为宠信的四位大臣：李卫（江苏人）、田文镜（辽宁人）、

张廷玉（安徽人）、鄂尔泰；李卫和张廷玉为汉人，田文镜为汉军旗人。汉人臣工占了四分之三，足见雍正重用汉人的程度。

张廷玉的临时加入表明雍正对汉官的信任，而后的工作汇报也让群里各位大佬看到了雍正的另一面。

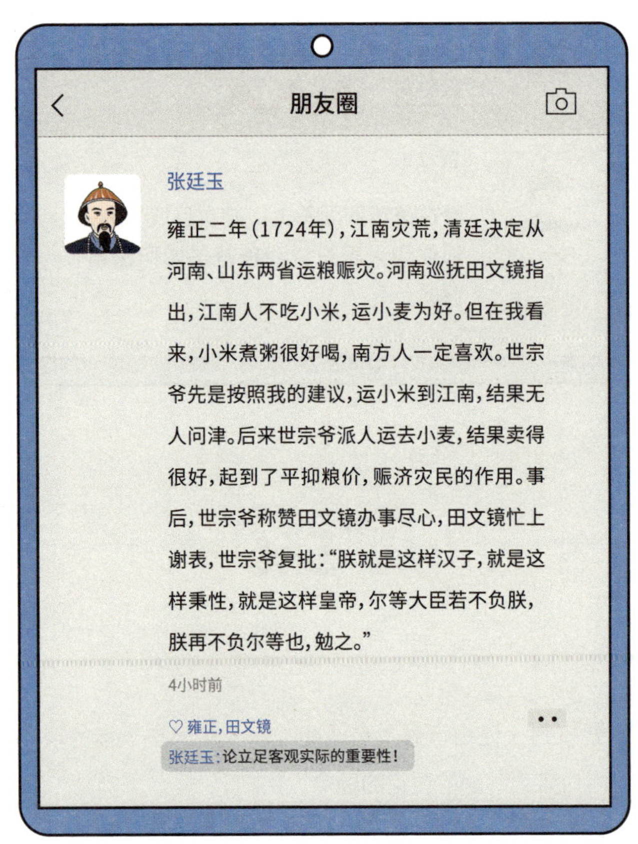

张廷玉

就拿批阅奏折来说吧，这既是世宗爷最大的优点，也是最大的缺点，动手能力太强，也太爱较真。欲知详情，请移步臣的朋友圈。

乾隆-弘历

没想到，爸爸还有这么柔情的一面，内心活动也是真丰富。

嘉庆-颙琰

世宗爷对臣子如此推心置腹，情真意切。

张廷玉

不过，世宗爷不是时刻都那么温柔的，比如给浙江巡抚佟吉图的批复：朕这样平常的皇帝，如何用得起你这样的人？

乾隆-弘历

论如何优雅地埋汰人，除了爸爸，也是没谁了。

大清王朝(13)

嘉庆-颙琰

张爱卿，爷爷风格切换自如的背后是不是有什么秘诀？

张廷玉

惟以一人治天下，岂为天下奉一人。

康熙-玄烨

顺治-福临

我孙子是如何做到的？

张廷玉

这个嘛，就必须提一提世宗爷的撒手锏——军机处。

康熙-玄烨

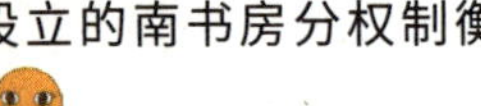

军机处听着新鲜，是为了和我在位时设立的南书房分权制衡吧？

张廷玉

圣祖爷好眼力，不过有一点不同的是，军机处起初是为稳定西北而设，比较注重保密，自然比不上南书房那么正式。

乾隆-弘历

所以，我即位后干脆就撤了，改设总理事务处。

张廷玉

承蒙高宗爷赏识，总理事务处成立后，第一时间就任命我为总理事务王大臣，老臣感激涕零！

乾隆-弘历

你可别飘，我这都是看在爸爸的面子上。

张廷玉

不过，还是很怀念在军机处陪伴世宗爷商讨军国大事的那些日子。虽然每天起得比鸡早，睡得比狗晚，干得比驴多，但世宗爷全身心投入工作的精神深深感染着我。

大清王朝(13) …

乾隆-弘历

据我所知，你们这些军机大臣完全是秉旨办事，毫无实权。

张廷玉

高宗爷圣明，但即便如此，世宗爷在位期间，多项变革都是经过军机处的讨论而确定的，比如改革科举制、推广养廉银、摊丁入亩、火耗归公、官绅一体当差纳粮、首设驻藏大臣、整顿旗务……

咸丰-奕詝

好家伙，这么多工程项目，一定很烧脑吧，每天两顿饭，能量补给跟得上吗?

张廷玉

这叫偃武修文，双管齐下。

康熙-玄烨

我不是规定盛世滋生人丁，永不加赋吗?还有，年羹尧之前就向我建议过耗羡归公，不是被我驳回去了吗?

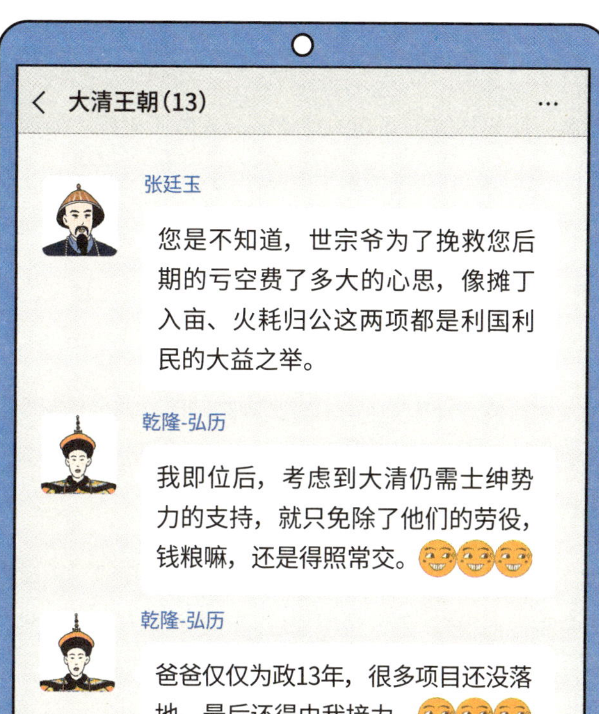

军机处：雍正七年（1729年）为西北军务而设，雍正十年（1732年），改称“办理军机处”，设军机大臣，军机章京。军机大臣向皇帝提出建议，皇帝最终决策，军机大臣执行决策，军机处实为皇帝的辅政机构。

南书房：康熙帝下旨在乾清宫西南角特辟房舍，因坐落于紫禁城内月华门之南，故名为南书房。为了加强中央集权，康熙帝通常选调一些翰林等官到南书房值班，人数不固定，他们除了陪皇帝作诗写字以外，也秉承皇帝的意旨拟写谕旨、发布命令。因此，南书房成为以皇帝为中心的真正决策机构。

雍正帝改变一试定终身的制度，实行新科进士朝考、翰林大考、考选差派等制，多途并举，网罗人才。

养廉银：雍正元年（1723年），雍正帝创立养廉银制度，本想借高薪培养官员廉洁的习性，改善官员生计，然而收效甚微，甚至助长了官员的豪奢之风。

摊丁入亩：中国古代的赋税包括两种，即地银（田赋）和丁银（人头税，徭役）。雍正帝即位后，改变此前分别征收地银和丁银的做法，将丁银摊入田赋，一并征收，以此避免地方官巧立名目，横征暴敛，减轻贫苦百姓负担。

火耗归公：在中国历史上，地方官向民众征收税金时，会以运送与镕铸等耗损为由，多征银两，又称火耗或耗羡，实为地方政府的灰色收入。雍正帝即位后，将其纳入正式税收，借此弥补地方财政亏空。

雍正帝取消民间缙绅的某些特权，要求士绅和广大民众一样服徭役，纳粮捐税，旨在增加国家财政收入，缓解不平等纳税矛盾。

雍正二年（1724年），雍正帝设置西宁办事大臣；雍正五年（1727年），又设驻藏大臣。

雍正帝削弱下五旗（正红旗、镶红旗、正蓝旗、镶蓝旗、镶白旗）旗主对旗下官民的统治，禁止下五旗旗主任意残害属下官员、勒索钱财，给无所事事的八旗子弟分配土地、农具，要求其自力更生，还派他们去前线参战。

听了张廷玉的讲述，群里议论纷纷。在乾隆看来，雍正不懂得享受生活。

大清王朝(13)

雍正-胤禛

不止扮演人物，我还请画师绘制我在圆明园12个月的活动，也算实现了各种时段、各种角色任我行。

乾隆-弘历

想不到爸爸冰冷的外表下居然藏着一颗火热的内心！

张廷玉

不止如此，世宗爷还有惊为天人的科技天赋。

康熙-玄烨

张廷玉

世宗爷长年在养心殿起居办公，夏天天气炎热，世宗爷就命宫廷造办处在以往手摇风扇的基础上，制作出人工带风的小羽毛风扇。

大清王朝(13)

雍正-胤禛

不过人工小风扇还是不够凉快，后来我要求把小羽毛扇改成大羽毛扇。

宣统-溥仪

即使这样还差了点意思，世宗爷觉得人工带风难免会有味道，所以干脆在墙上凿了个洞，让人通过洞口在外面拉动绳子，以此产生风力！

康熙-玄烨

雍正-胤禛

没办法，这不都是为了工作嘛。

乾隆-弘历

我在位时，还创制出带“自动风扇”的自鸣钟，那风力更是给力！

康熙-玄烨

这么好的东西，还不快拿出来孝敬我！

《雍正十二月行乐图》现存于北京故宫博物院，由意大利画家郎世宁为雍正帝绘制，按照时间顺序，反映了雍正帝在每个月份的娱乐活动，即正月观灯、二月踏青、三月赏桃、四月流觞、五月竞舟、六月纳凉、七月乞巧、八月赏月、九月赏菊、十月画像、十一月参禅和腊月赏雪。雍正帝曾作诗《湖际闻野寺钟声》，其中两句“长伴予游鹤与松，何烦扈跸得从容”，表达出雍正帝快意人生的心境。

张廷玉享寿83岁，青年时在康熙朝发迹，中年时在雍正朝深受重用，而晚年时在乾隆朝因与鄂尔泰党争，后在鄂尔泰死后，又多次请求辞官，引起乾隆帝不悦，甚至死前还被罢去了配享太庙的优待。所幸的是，张廷玉死后，乾隆帝遵照《雍正遗诏》，恢复其配享太庙的优待。

张廷玉圆满完成雍正帝交给他的日常分享任务，退出群聊，群成员恢复到12人。

在康熙帝的众多子嗣之中，这位雍亲王看似与世无争，却早已懂得如何在激烈的皇位争夺战中韬光养晦。尽管在位仅仅13年，却屡屡刷新清王朝的历史记录，尤其是在国家制度上，创举不断，引人注目。

弘历

生卒（1711年~1799年）

庙号高宗，年号乾隆

长寿协会会长

清朝入关后第四位（1736年~1795年）皇帝

十全武功成就者

诗词疯产作家

火锅品鉴官

康熙五十年八月十三日（1711年9月25日），弘历生于雍和宫邸（即雍亲王府邸）。弘历自幼聪慧，6岁就学，过目不忘。康熙六十年（1721年），康熙在雍亲王府第一次见到10岁的弘历，便非常喜爱他，还亲传书课，在巡幸热河避暑山庄时令弘历陪伴左右。正是因为康熙对弘历的看重，加之雍正吸取了九子夺嫡中皇位争端的教训，雍正即位不久便秘密立储，弘历顺理成章成为天选之子。

六 巅峰

上集说到，乾隆在雍正科技创新思想的影响下，因创制出带“自动风扇”的自鸣钟备受青睐，禁不住开始“凡尔赛”。

大清王朝(12)

乾隆-弘历

我希望大家不要只关注我的外表，多关注一下我的实力！

嘉庆-颙琰

得了吧，爸爸，在我看来，您的实力就是吃喝玩乐，样样精通。

乾隆-弘历

你不说话没人当你是哑巴！

嘉庆-颙琰

爸爸，恰逢千叟之宴，儿子愿您福如东海，寿比南山！恭喜发财，红包拿来！🙏🙏🙏

道光-旻宁

国有乾隆，谷不生虫。爷爷您不能偏心，我也想要红包！🙏🙏🙏

宣统-溥仪

您从和硕宝亲王起，一路顺风顺水，在最好的年纪接手了大清最伟大的事业，发个红包意思意思！🙏🙏🙏

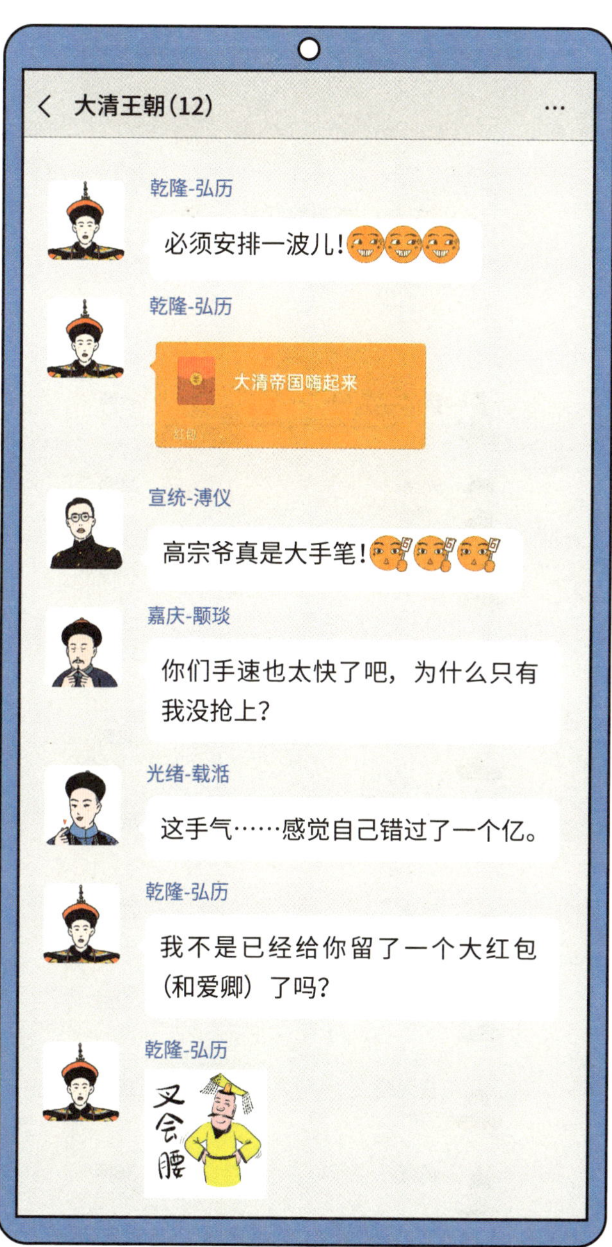
大清王朝(12)
乾隆-弘历
必须安排一波儿!
乾隆-弘历
大清帝国嗨起来
红包
宣统-溥仪
高宗爷真是大手笔!
嘉庆-颙琰
你们手速也太快了吧，为什么只有我没抢上?
光绪-载湉
这手气……感觉自己错过了一个亿。
乾隆-弘历
我不是已经给你留了一个大红包(和爱卿)了吗?
乾隆-弘历
叉会腰

乾隆的红包

大清帝国嗨起来

11个红包，10秒被抢光

努尔哈赤 18:09	32两
光绪 18:09	24两
康熙 18:09	13两
道光 18.09	18两
宣统 18:09	88两 手气最佳
雍正 18:09	50两
顺治 18:09	29两
咸丰 18:09	3两
皇太极 18:09	16两
乾隆 18:09	36两
同治 18:09	9两

和珅初入仕途时，清正廉洁，材优干济，深受乾隆帝倚重。和珅在官场平步青云后，利欲熏心，不仅打击异己，还聚敛钱财。

依据《大清会典》的记录，乾隆年间一两银子购买力相当于150斤优质大米，折合成现下优质大米的均价，一两银子的价值相当于现在的600～900元左右。

乾隆没想到，自己竟被套路了。群里各位帝王顺杆爬，纷纷要求他发红包。乾隆发完红包又想起除夕快到了，就开始筹备福包。

雍正-胤禛

还不都是我勤政为民，殚精竭虑，一点一点给你积攒的。

康熙-玄烨

还不是在我的基础上扩大的？ @雍正 - 胤禛

乾隆-弘历

乾隆-弘历

说起发红包，再过几个月就要到除夕了，我最近要好好练字，以便到时候给大臣们发福包。

嘉庆-颙琰

爸爸万福金安！

乾隆-弘历

说起万福，我也算是集齐了五福，而且还身经祖孙七代，成为咱们大清帝王中最长寿之人。

宣统-溥仪

凡尔赛文学学习中……

雍正-胤禛

哪五福啊?

乾隆-弘历

爱国福、富强福、敬业福、友善福、和谐福。

康熙-玄烨

想当年，我请福续寿，五福合一，亲笔书写的“福”还被公认为天下第一福。

嘉庆-颙琰

圣祖爷的孝心感天动地!

雍正-胤禛

别的不说，就这敬业福，我早都集满了。

努尔哈赤

弘历，你这富强福里有啥干货?

大清王朝(12)

乾隆-弘历

我可是有三项金牌纪录的。

康熙-玄烨

哪三项?

乾隆-弘历

第一，清朝人口爆炸式增长，保守估计突破了3亿；第二，清朝的经济总量接近世界经济总量的1/3；第三，我志在四方，开疆拓土，在位时使清朝的版图达到了空前的规模。

康熙-玄烨

嘉庆-颙琰

我有幸见证大清版图达到最大规模。

宣统-溥仪

只是在全世界帝王寿命排行榜，您只能屈居第二了。

乾隆-弘历

什么？居然还有比我更长寿的？

嘉庆-颙琰

是的，古埃及法老拉美西斯二世活了90岁，比您多一岁。

乾隆-弘历

嗷嗷，这样呀！顺便提一句，要不是为了尊重爷爷康熙，我可能又会破一项纪录。

康熙-玄烨

这么说，倒是我影响你超常发挥了。

嘉庆-颙琰

爸爸您一边禅位，还能一边训政，真是两头都不耽误。

乾隆-弘历

划重点

康熙十二年（1673年），孝庄病重，宫中御医无计可施。康熙翻阅古书，发现上古有真命天子请福续寿的记录。他斋戒三日，一气呵成写出一幅福字，刻上玺印，取意福星高照。也许是康熙帝的孝心感动了上苍，自从得到了这“福”字后，孝庄太后的身体竟奇迹般康复了。康熙御笔的“福”字苍劲有力、颇具气势，其写法暗含“子、才、田、福、寿”字形，寓意“多子、多田、多才、多寿、多福”。

据谭其骧先生《中国历史地图集》及《嘉庆重修一统志》等地图记载，清朝版图在嘉庆二十五年（1820年）达到最大。其中最东端至库页岛，最西端到帕米尔高原，最北端到外兴安岭，最南端至南海岛屿。

乾隆身经前后七代人，即乾隆的爷爷、父亲、儿子、孙子、曾孙、玄孙，堪称世所罕见。为此，乾隆在《御制诗集》中写下：“一身亲见七代，实自古帝王未有之盛事。”

乾隆六十年（1795年），为了不逾越祖父康熙在位61年的执政纪录，乾隆决定将皇位禅让给第十五子颙琰。

凭借康熙和雍正为乾隆积攒的雄厚家业，乾隆锦衣玉食，在美食上有颇多研究心得。

大清王朝(12)

道光-旻宁

高宗爷，分享下您长寿的秘诀呗。

乾隆-弘历

民以食为天，要想活得久，吃喝要讲究。

康熙-玄烨

要不是我过寿，你们怕是还没这个口福呢。

乾隆-弘历

哈哈，是啊，多亏爷爷带头，我在位时，江苏人李斗对满汉席加以记录，还形成了食单呢。

雍正-胤禛

你这是拿着我和先祖的血汗挥霍。

努尔哈赤

乡下人羡慕的眼神

努尔哈赤

我只知道露天野餐。

大清王朝(12)

乾隆-弘历

太祖爷，这是满汉席需要用的食材，请您过目。

乾隆-弘历

山八珍	驼峰、熊掌、猴脑、猩唇、象拔、豹胎、犀尾、鹿筋。
海八珍	燕窝、鱼翅、大乌参、广肚、鱼骨、鲍鱼、海狮、狗鱼。
禽八珍	红燕、飞龙、鹌鹑、天鹅、鹧鸪、彩雀、斑鸠、红头鹰。
草八珍	猴头、银耳、竹荪、驴窝菌、羊肚菌、花菇、黄花菜、云香信。

努尔哈赤

真是大开眼界，好想再活两百年！

嘉庆-颙琰

这满汉全席也不是谁都能去的，除了皇室宗亲和功臣，汉人中要么得是爸爸身边的大红人，要么需要官居二品以上。

宣统-溥仪

您说的是宫内的情况，宫外入席也有品级要求，通常需要佩戴朝珠，公服入席。

宣统-溥仪

高宗爷不愧是吃喝界的达人!

道光-旻宁

嘉庆-颙琰

单就火锅，也能被爸爸吃出许多新鲜花样。

乾隆-弘历

食不厌精，脍不厌细嘛。我春天爱吃燕窝芙蓉鸭子热锅，初夏爱吃野意热锅和山药鸭羹热锅，初秋爱吃燕窝葱椒鸭子热锅，入冬的心头好是燕窝松子鸡热锅、羊肚丝羊肉丝热锅。

努尔哈赤

我慕了，你小子可真会吃……

相传满汉席源于康熙66岁大寿，然而正史中未见相关记载。乾隆二十九年（1764年），李斗所著《扬州画舫录》中有一份满汉席食单，其中对碗碟和菜品进行划分，第一份为头号五簋碗，菜品有燕窠鸡丝汤、鲜蛏萝卜丝羹等；第二份为二号五簋碗，菜品有鲫鱼舌汇熊掌、假豹胎等；第三份是细白羹碗，菜品有鸡笋粥、芙蓉蛋等；第四份是毛血盘，菜品有油炸猪羊肉火烧、梅花包子等；第五份是洋碟。

雍正对乾隆的吃喝讲究不屑一顾，要求乾隆主动汇报自己在政务上的成就。

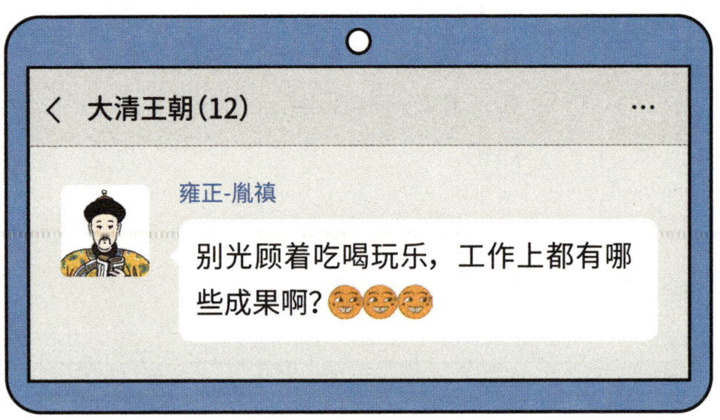

大清王朝(12)

乾隆-弘历

咳咳！一来，我安抚宗室，宽严并济；二来，我鼓励开荒，重视农桑；三来，在我的不懈努力下，巨型丛书《四库全书》的编纂顺利完成。

雍正-胤禛

政治、经济、文化三驾马车齐驱并进，那你平时还有空闲时间吗？

乾隆-弘历

当然，不瞒您说，我生平除了工作，最大的爱好就是写诗！

宣统-溥仪

高宗爷诗作数量惊人，可以抵得上唐朝300多年诗作数量的总和。

嘉庆-颙琰

数量的确不少，但质量就……大家可以移步爸爸的朋友圈自行观摩。

朋友圈 

乾隆

《黄瓜》(清)乾隆

菜盘佳品最燕京，二月尝新岂定评。

压架缀篱偏有致，田家风景绘真情。

1小时前

♡ 乾隆，雍正，道光，顺治，溥仪

咸丰：生活中不是缺少美，而是缺少像高宗爷这样善于发现美的诗人！

嘉庆：我看赵翼在《檐曝杂记》中说，爸爸蹲坑的时候都能写几首诗。

康熙：这孩子不会写诗写得走火入魔了吧！

乾隆

《除夕》(清)乾隆

此日乾隆夕，明朝嘉庆年。古今难得者，天地锡恩然。父母敢言谢，心神增益虔。近成老人说，云十幸能全。

♡ 乾隆，嘉庆，康熙，同治，咸丰

1小时前

努尔哈赤：弘历，十幸能全是什么意思？

乾隆回复努尔哈赤：太祖爷，是我在位时的10次战事。

康熙：战况如何?是不是都大获全胜？

乾隆回复康熙：这……

嘉庆：全部获胜自然是不可能的，耗费巨大、死伤无数是真的。即便如此，爸爸还是为自己写了《御制十全记》，还专门派人用满、汉、蒙、藏四种文字刻碑。

乾隆回复嘉庆：

雍正：弘历啊，没想到你竟然被表面的胜利冲昏了头脑。

乾隆热衷于吟诗撰文，据统计，他在位期间总计写下43000余首诗，其诗词创作的总量接近于整部《全唐诗》，成为中国古代乃至世界诗词产量最高的诗人。

乾隆即位后，为了缓和雍正在位时的紧张政治气氛，他优待士人，安抚雍正朝受打击的宗室。乾隆十分重视官吏的选拔，他强调官吏应该年富力强，55岁以上的官吏要仔细甄别，65岁以上的官员应带领引见，能否继任他要亲自定夺。为了整顿吏治，乾隆在中央和地方分别采用“京察”和“大计”考核官吏，乾隆一朝，因考绩不合格受到降级或处分的官吏达6万多人。

乾隆帝重视农业生产，要求北方向南方学习耕种技术。乾隆帝还鼓励开荒，雍正二年（1724年），全国可耕面积为683万余顷，乾隆三十一年（1766年）扩大到741万余顷。乾隆朝之前，贵州遍地桑树，但不养蚕纺织，乾隆帝责令贵州地方官向外省招募养蚕纺织能手传授技术，还要求官员植树造林以保持水土。

《四库全书》于乾隆三十八年（1773年）开始编纂，该书收录了自先秦到乾隆时的重要古籍，分为经、史、子、集四部分，历时9年成书，成为当时世界上最为庞大的百科全书。

乾隆五十七年（1792年），乾隆亲自撰成《御制十全记》，提及本朝的10次重大战事，并自诩“十全老人”。按照时间顺序，乾隆的十全武功包括平定准噶尔（1755年），再平准噶尔（1757年），平定回部（1757年~1759年），平缅甸（1762年~1769年），两平大小金川（第一次是1747年~1749年，第二次是1771年~1776年），平台湾（1787年~1788年），平安南（1789年），平廓尔喀（1791年），再平廓尔喀（1792年）。

乾隆本想借自己的业绩和十全武功赢得美名，没想到嘉庆吐露了乾隆盛世之下的实情。

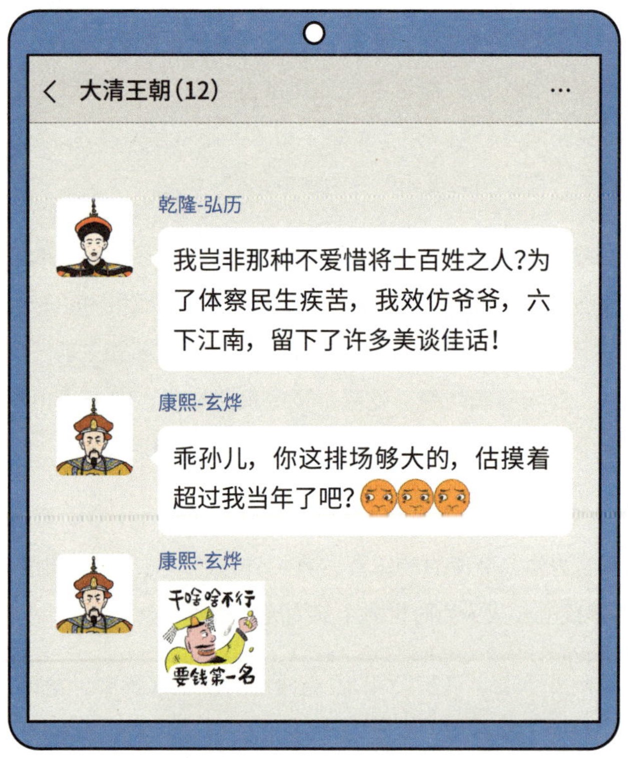

大清王朝(12)

乾隆-弘历

岂敢和爷爷相提并论，我也就是希望咱大清朝江山永固罢了，我主要是去巡视河工、阅兵祭陵，再发放些蠲免恩赏，以此笼络士人之心。

康熙-玄烨

平时没发现，刻印章也是孙儿的强项。

嘉庆-颙琰

爸爸哪里是刻章，简直就是画蛇添足，那些珍贵字画有不少都被爸爸糟蹋了。

乾隆-弘历

乾隆-弘历

人生一世，草木一秋，来如风雨，去似微尘，我就想留个纪念而已，这难道也错了吗？

大清王朝(12)
道光-旻宁
既然您这么注重文化，为啥大兴文字狱？
努尔哈赤
文字狱不知摧残了多少人才！
乾隆-弘历
文字狱又不是从我开始的！
嘉庆-颙琰
您在位时文字狱有100多起，数量远远超过世祖爷到世宗爷的总和了。
乾隆-弘历
@宣统-溥仪 能不能把颙琰踢出群聊？
乾隆-弘历
扶墙吐血

康熙帝在位时曾六次巡视江南，主要是为了体察民情。与康熙帝轻车简从、严控经费不同，乾隆帝六下江南奢侈靡费，每次出行，都有大批后妃、王公亲贵、文武官员相随。沿途不仅修行宫，搭彩棚，地方官还要进献山珍海味，连饮水都是从北京、济南、镇江等地远道运去的山泉水。

文字狱：据邓之诚先生《中华二千年史》的不完全统计，顺治朝有6起文字狱，康熙朝有文字狱约10起，雍正朝20多起，乾隆朝130多起，嘉庆朝1起，光绪朝1起。

宝薮是皇帝御用玺印的印谱，是将皇帝御用玺印收集盖印，装订成册，以流传后世。《乾隆宝薮》中记录的乾隆皇帝的印玺多达1000余方。

乾隆从政治、经济、文化等方面展示了自己的业绩，却也因此陷入自我陶醉之中而难以自拔。

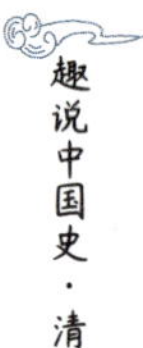

〈 大清王朝(12) …

乾隆-弘历

看我大清歌舞升平，一派欣欣向荣之象，我心甚慰！

嘉庆-颙琰

爸爸，您收敛点儿吧，您整治贪官闹出的甘肃冒赈案，多闹心！

乾隆-弘历

给你一个眼神
自己体会

道光-旻宁

您清醒一点，是时候该看看外面的世界了！

宣统-溥仪

与大洋彼岸几个资本主义国家的飞速发展相比，咱们大清朝都落后了一大截……

乾隆-弘历

对那些蛮夷来说，咱们大清朝永远都是天朝上国！

大清王朝(12)

嘉庆-颙琰

时代不同了，观念也该变变了！就马戛尔尼远道来访来说，我觉得您在觐见礼仪上就有些强人所难。

乾隆-弘历

颙琰，你这胳膊肘怎么能往外拐呢？

乾隆-弘历

嘉庆-颙琰

爸爸，我只是与时俱进，天朝上国已经是过去式了！

道光-旻宁

所以轮到我的时候，就只剩一地鸡毛了……

咸丰-奕詝

知足吧，爸爸，您至少比我还好些吧。

乾隆与美利坚合众国首位总统乔治·华盛顿都是于公元1799年去世，乾隆死于年初，华盛顿死于年尾。当西方工业革命如火如荼地开展时，乾隆依然沉醉在“天朝上国”的迷梦中久久不愿醒来。盛世后的衰影与余波，终将如期而至。

乾隆五十八年（1793年），马戛尔尼使团到访中国，双方就觐见礼节发生分歧。因乾隆帝将英国视为朝贡国，认为马戛尔尼应行叩头礼；而马戛尔尼声称英国是主权国家，应当采用英式礼节。对于马戛尔尼提出的通商条件，乾隆帝一面优加赏赐，加以安抚；一面不屑一顾，拒绝通商。

甘肃冒赈案：乾隆四十六年（1781年），以甘肃藩司王亶望为首的甘肃地方官上下其手，谎报旱灾，实为贪污。此案牵涉人员甚广，涉及数额巨大，波及直隶、盛京、江苏、浙江等多个省份。

据《清高宗实录》载，乾隆帝称此案“实为从来未有之奇贪异事”。

天朝上国：从政治角度理解，即以中国为中心，这也是中国历代王朝对外交往的核心。中国的皇帝为天子，中国的皇朝称天朝，周边其他国家是中国的属国。乾隆正是秉持天朝上国的观念，对于周边国家的发展变化不屑一顾，致使清朝逐渐走上了下坡路。

与雍正相比，乾隆似乎更像康熙帝，他有着充沛的精力，对外部世界也有浓厚的兴趣。乾隆将清朝历史推向了又一个新的高度，许多制度由此定型。乾隆不仅是中国历史上最长寿的皇帝，也是实际执政时间最长的皇帝。讽刺的是，在他驾崩之后，曾经辉煌的大清王朝摇摇欲坠，而他陵墓里的宝贝后来被孙殿英军队盗走，尸身也被破坏，给后人留下“十全天子骨难全”的慨叹。

颙琰

生卒（1760年~1820年）

庙号仁宗，年号嘉庆

无能为力即位者

清朝入关后第五位（1796年~1820年）皇帝

亚洲酸柠檬推广大使

陈德行刺案受害人

爱平反的慈善家

嘉庆帝颙琰为乾隆第十五位庶子，在乾隆帝诸多皇子中，并不显眼。由于乾隆帝两位嫡子永琏、永琮（均系富察皇后所出）先后夭折，立储之事被束之高阁。直至乾隆六十年九月初三（1795年10月15日），乾隆帝在综合考察诸皇子后，在圆明园勤政殿正式宣布颙琰为皇太子。

上集说到，乾隆在位期间光芒四射，以至于其子嘉庆即位后显得平平无奇。

大清王朝(12)
努尔哈赤
一首《平凡之路》送给你。
嘉庆-颙琰
时运不济，我想挣扎却难以自拔!
道光-旻宁
感觉身体被掏空
宣统-溥仪
我连挣扎的机会都没有!
雍正-胤禛
这么说，选你当继承人可能是个美丽的错误。
乾隆-弘历
身在福中不知福，要不是嫡子早殇，庶子多半不成气候，皇位能轮得上你坐?

大清王朝(12)

嘉庆-颙琰

爸爸教训的是，您名为禅位，但仍然不放权，每天还要我去养心殿听您念叨，我能有出息那真是见鬼了！

康熙-玄烨

消消气，弘历，和爷爷说说你咋考虑的？

乾隆-弘历

爷爷，我禅位主要是表示对您的尊重，同时也想给颙琰多点时间适应。

康熙-玄烨

这一点倒是很有自知之明。

嘉庆-颙琰

我即位的时候都快40岁了……

雍正-胤禛

知足吧，再晚还能有我晚？谁让咱俩的老爸都超长待机呢！😥😥😥

雍正-胤禛

乾隆帝为了不超过祖父康熙的在位时间，于乾隆六十年（1795年）宣布次年（1796年）为嘉庆元年，并于正月初一举行传位大典，自己退位称太上皇。然而，作为太上皇的乾隆仍负责处理机要事务，而嘉庆帝仅负责处理日常事务，并接受太上皇的训谕。

嘉庆吐槽乾隆禅位后还不甘心，指出嘉道中衰是和珅贪财的罪过。

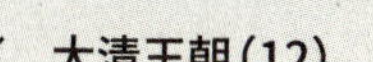

嘉庆-颙琰

世人都说，从我开始，大清朝就开始走下坡路了。

道光-旻宁

还不是高宗爷花钱如流水！

乾隆-弘历

这事儿别拉上我啊，我可是特意为颙琰留了和中堂。

嘉庆-颙琰

他不给我添乱，我就谢天谢地了！

咸丰-奕詝

所以乾隆爷驾崩没几天，您就先发制人，收拾了和珅。

乾隆-弘历

和中堂为我大清排忧解难，你俩是不是有啥误会？

大清王朝(12)

嘉庆-颙琰

在您宣宣我为皇太子的前一晚，和珅为我送来了玉如意。

宣统-溥仪

他想趁机拉拢您呗。

嘉庆-颙琰

我才不吃他这一套!

嘉庆-颙琰

和珅仗着我爸的器重，入圆明园不下马，进紫禁城不下轿。

道光-旻宁

如此嚣张跋扈，这还能忍?

嘉庆-颙琰

和珅还对军机大臣说爸爸批语字迹潦草，应当撕掉，并以此为由搁置紧急军报，不做处理。

乾隆-弘历

这么说，我一直都是被和珅蒙在鼓里了?

<
大清王朝(12)
...

嘉庆-颙琰

更严重的是，和珅贪污纳贿，不计其数，甚至还与民争利，致使民怨沸腾。

道光-旻宁

据说，从和珅家抄没的家产，累计估值约为我大清15年财政收入的总和。

咸丰-奕詝

民间传言“和珅跌倒，嘉庆吃饱”，可传到我这儿，一点儿钱的影子都没看着。

嘉庆-颙琰

不信谣，不传谣！最让我不能忍受的是，和珅打击异己，一手遮天，多次阻挠我的启蒙老师朱珪入京。

嘉庆-颙琰

嘉道中衰：清王朝在嘉庆（1796年~1820年）、道光（1821年~1850年）两朝国力衰退的现象。乾隆朝中后期，吏治腐败，武备废弛，国库空虚，社会矛盾丛生。道光二十二年（1842年），清朝在与英国的第一次鸦片战争中战败，签订丧权辱国的《南京条约》，国势急转直下。

和珅门荫入仕，因善于揣摩圣意，深受乾隆帝宠信。乾隆帝统治后期，和珅权倾朝野。嘉庆帝即位后，以和珅僭越、悖逆之罪下令查抄和珅家产。据薛福成《查抄和珅家产清单》载，和珅家产中仅赤金就高达数十万两，和珅甚至在地窖内藏匿一百万两白银，还不包括店铺、宅院等，足见和珅贪污数目之巨。

朱珪：乾隆十三年（1748年）进士，乾隆四十年（1775年）为嘉庆老师，乾隆五十五年（1790年）出任安徽巡抚，嘉庆四年（1799年），颙琰召朱珪回京，委以重任。

嘉庆将乾隆晚年的社会矛盾一一道出，借洪亮吉之案表明自己顾全大局。

大清王朝(12)

嘉庆-颙琰

爸爸统治末年，财政亏空得厉害，社会矛盾尖锐。贵州苗民起义，白莲教、天理教、东南匪盗蠢蠢欲动，镇压这些叛乱老烧钱了。

道光-旻宁

还有，蠲免钱粮，兴修河道，也要钱。

嘉庆-颙琰

和珅的那些田宅、珠宝都不能立马折现，只能维持一时之需。为这，我还下诏罪己。😭😭😭

宣统-溥仪

仁宗爷心怀天下，筹钱不易啊！

道光-旻宁

岂止是筹钱不易，爸爸为了天下大计，只能委屈自己，打脸也要为出言不逊的洪亮吉翻案！

嘉庆-颙琰

洪亮吉也算忠心耿耿，过去之事就不和他计较了。

嘉庆元年（1796年），四川、陕西、河南等地白莲教徒发动起义，一直持续到嘉庆九年（1804年）。嘉庆帝采取剿抚并举的两手政策，一面镇压教乱，一面严惩玩忽职守的官吏。嘉庆十年（1805年），教军最后一位主帅王世贵被杀，川楚教乱得以平定。嘉庆帝二子旻宁因在川楚教乱中表现英勇，被封为智亲王。

嘉庆四年（1799年），嘉庆下诏广开言路。洪亮吉指出嘉庆既不如雍正严格，也不如康熙宽仁。嘉庆勃然大怒，将洪亮吉流放伊犁。嘉庆五年（1800年），北方大旱，嘉庆亲设祭坛祈雨，赦免死囚，赈济灾民，却依然没有下雨。于是嘉庆决心为洪亮吉平反，亲自书写诏书，写至“钦此”二字后，天降甘霖，大旱得解。

嘉庆朝虽极力禁绝文字狱，却未能阻止民变的爆发。

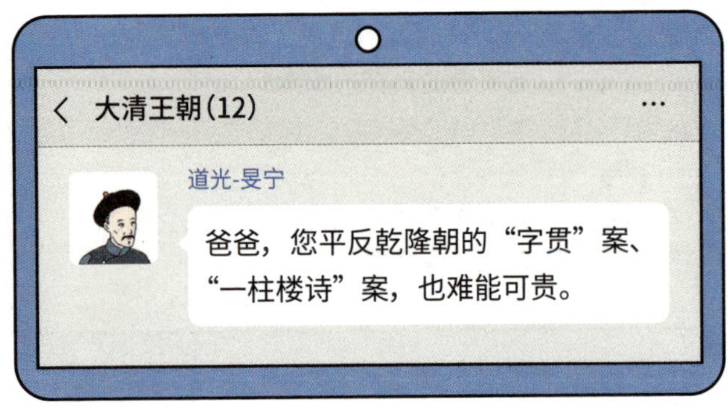

大清王朝(12)

嘉庆-颙琰

错就是错，对就是对。

乾隆-弘历

这个世界可不是非黑即白的，还有灰色地带。

嘉庆-颙琰

正是因为灰色地带的泛滥，才有陈德小民斗胆进宫行刺。

宣统-溥仪

更荒唐的是，据说当时嘉庆爷身边的侍卫都呆若木鸡。

道光-旻宁

还是爸爸的姐夫冲上去抱住凶手，结果被连砍三刀。

道光-旻宁

大清王朝(12)

嘉庆-颙琰

要怪就怪我平时太好说话了。但是该强硬的地方，也不能有丝毫退让，比如严禁鸦片，对英国人严防死守。

道光-旻宁

您也不能一棒子打死。盲目排斥外来事物真的行不通，比如查禁西洋人刻书传教。

康熙-玄烨

颙琰，你怕是把我优待西洋教士的礼貌都忘记了。

康熙-玄烨

嘉庆-颙琰

圣祖爷，天地可鉴，您是不知道，白莲教、天理教一波接着又一波。

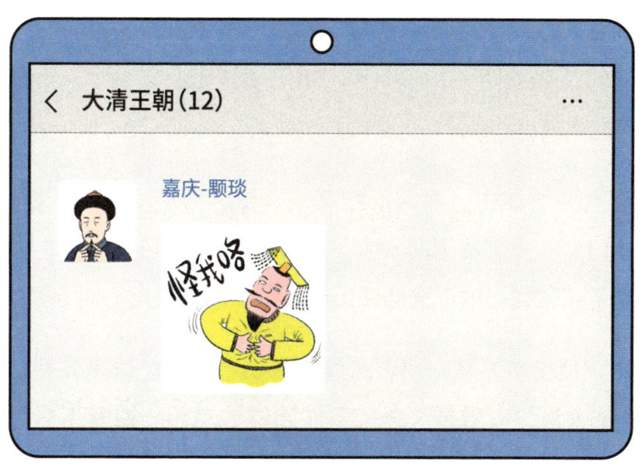

江西人王锡侯因编写《字贯》一书，被仇家王泷南诬陷其大不敬，最终王锡侯因悖逆罪被斩立决，子孙七人也被斩首，其余家人被发配流放。嘉庆在详细了解卷宗后，认为此案判得过重，于是为王锡侯平反。

《一柱楼诗》是清人徐述夔创作的诗集，表达其忧国忧民、怀才不遇的心境，后被安上莫须有的反清复明的罪名。乾隆大怒，将徐述夔剖棺戮尸。嘉庆在翻阅卷宗后，为徐述夔平反，并下诏废止文字狱。

据《清史稿》载，嘉庆八年（1803年），嘉庆帝拜谒东陵后，从圆明园回宫，经过顺贞门时，“奸人陈德突出犯驾”，陈德被定亲王绵恩、额驸阿旺多尔济与巴丹多尔济拿下。经过审讯，最终判处陈德及他的两个儿子死刑。事后嘉庆帝心有余悸，下令“严申门禁”。

在对外交涉中，嘉庆拒绝英国提出的帮助清朝镇压起义军、帮助澳门葡人抵御法国的要求。嘉庆二十一年（1816年），嘉庆帝又拒绝了英国提出的开辟通商口岸、割让浙江沿海岛屿等要求。

据《清史稿》载，嘉庆帝欣然采纳了两广总督蒋攸铦提出的“请禁民人为洋人服役，洋行不许建洋式房屋，铺商不得用洋字店号”等建议。

嘉庆说自己励精图治，勤于政事，只叹时运不济，他也无力回天。

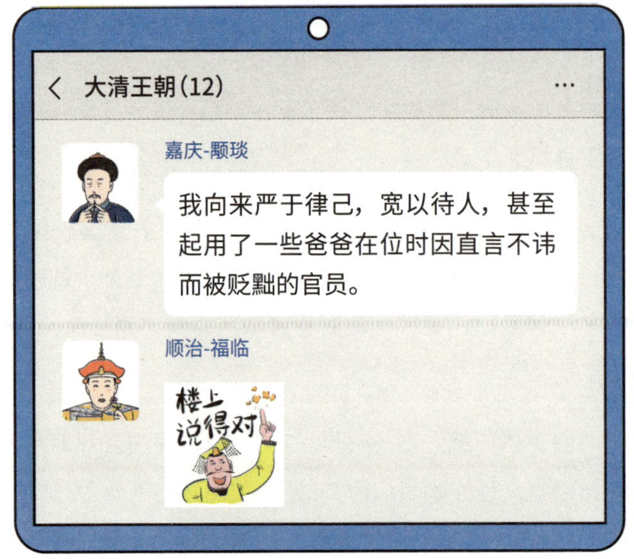

大清王朝(12)

顺治-福临

亲贤人，远小人，我大清方可河清海晏！

宣统-溥仪

仁宗爷还要操心整肃地方官欺隐、粉饰、怠惰之风。

道光-旻宁

爸爸还力行节俭，一辈子就给自己办过一次生日会，还因为经费超出预算，自我反省。

道光-旻宁

努尔哈赤

与弘历六下江南的奢侈靡费相比，颙琰真是个好孩子。

< 大清王朝（12） ···

乾隆-弘历

我也不是只会花钱，我推行的各项政策也给国家增收不少呢。

雍正-胤禛

嘉道中衰真不该让颙琰和旻宁背锅。

嘉庆-颙琰

背锅我也认了，生不逢时啊！

宣统-溥仪

只可惜，仁宗爷刚想通过木兰秋狝放松一下，居然成为人生最后一次放松。

乾隆-弘历

平日里养尊处优惯了，突然来点高强度运动，身体就扛不住了……

嘉庆-颙琰

自古深情留不住，最难生在帝王家！

划重点

木兰秋狝：清代帝王在秋季外出围猎的活动。木兰，满语意为捕鹿。春季打猎为“蒐”，夏季打猎为“苗”，秋季打猎为“狝”，冬季打猎为“狩”。自康熙二十年（1681年）至嘉庆二十五年（1820年），除雍正帝外，其余三位皇帝多次参加木兰秋狝。木兰秋狝的目的不只是为了娱乐，更重要的是锻炼和检视八旗军队的战斗力。

嘉庆帝在人生最后一次木兰秋狝时，病逝于避暑山庄。

相比于历史上诸多皇帝，嘉庆帝的即位应该算得上是和风细雨。嘉庆也试图改变局势，却收效甚微。他逐渐心灰意冷，开始萧规曹随，固步自封。然而，此时江河日下的大清王朝，需要的不是一位勤恳固守之人，而是杀伐决断的实干家。

旻宁

生卒（1782年~1850年）

庙号宣宗，年号道光

勤俭持家小能手

清朝入关后第六位（1821年~1850年）皇帝

第一位签订近代不平等条约的大清帝国CEO

魄力十足的改革家

道光帝原名绵宁，于乾隆四十七年八月初十（1782年9月16日）生于紫禁城撷芳殿内。绵宁出生时，父亲嘉庆帝只是普通的皇子，母亲喜塔腊氏是嘉庆帝的嫡妻。当时，嘉庆的长子已夭折，绵宁成为实际上的嫡长子。绵宁自幼聪颖，骑射武功更是出类拔萃。嘉庆依照秘密立储制，立绵宁为太子。嘉庆二十五年七月二十五日（1820年9月2日），嘉庆帝在木兰狩猎后溘然辞世，绵宁继承皇位。即位不久，绵宁为了避免他人避讳麻烦，改名旻宁。

上集说到，嘉庆在位时清朝已出现衰颓之势。道光即位后，试图勤俭节约力挽狂澜，却不过是杯水车薪。

大清王朝(12)

宣统-溥仪

听说您是出了名的勤俭持家，您大概从啥时候开始培养这种优秀品质的?👍👍

道光-旻宁

我当皇子那会儿，爸爸带我去盛京祭奠先祖。在清宁宫东暖阁，我看着太祖爷、太宗爷曾经用过的老式糠灯、破旧不堪的拐杖，深受触动，从那时起便下决心勤俭节约。

努尔哈赤

一粥一饭，当思来处不易；半丝半缕，恒念物力维艰。

皇太极

旻宁好样的，节俭是美德。

光绪-载湉

宣宗爷不光是嘴上说说，还身体力行，即位之初就颁布了《御制声色货利谕》。👍👍

大清王朝(12)

咸丰-奕詝

适度节俭是美德，可是我觉得爸爸有些苛刻了。

努尔哈赤

咸丰-奕詝

即使是三伏天，爸爸也不舍得吃西瓜，我们都靠喝水解暑。

嘉庆-颙琰

你爸爸不懂开源，难道节流也有错？

道光-旻宁

是啊，你妈过生日的时候，我还特意命御膳房杀了两头猪做猪肉打卤面，让你们开荤腥。

道光效仿努尔哈赤、皇太极勤俭节约，没想到却被批评节俭过头了。为了缓和尴尬的气氛，溥仪赶忙转移话题。

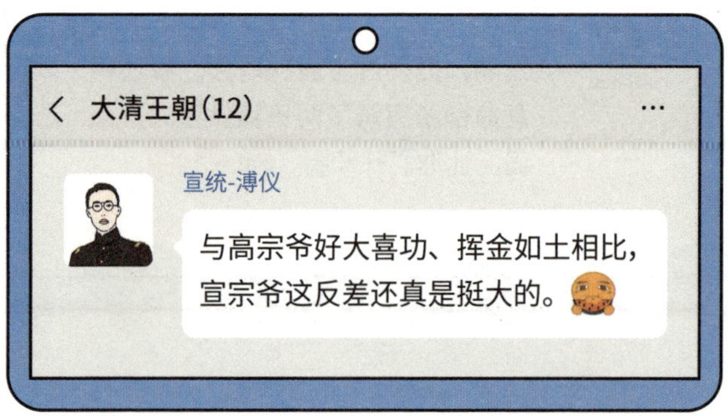

大清王朝(12)

乾隆-弘历
这么说我还得向旻宁学习呗！

道光-旻宁
不敢当！多亏爷爷的精心栽培，10岁那年，您还带我去打猎呢。

乾隆-弘历
是呀，你的枪法在众皇孙中都是数一数二的。

道光-旻宁
您不仅赐我黄马褂，还赏我戴双眼花翎，我到现在还穿着呢！

雍正-胤禛
穿那么多年，得有破洞了吧？

道光-旻宁
无妨，缝缝补补又三年嘛。

咸丰-奕詝
爸爸坐的哪里是皇位，简直就是“惶位”嘛！诚惶诚恐，精打细算。

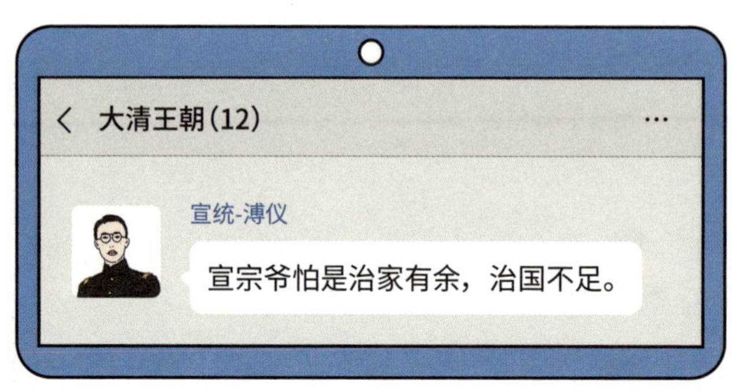

糠灯：一种照明用具，将苏子油渣与粟糠混合，抟在蓬梗上点燃，旧时吉林民间多用此照明。

据《清宣宗实录》载，道光元年（1821年），道光帝颁布《御制声色货利谕》，并将其作为座右铭，其中有三点核心内容：其一，重义轻利，不蓄私财；其二，取消各省进贡；其三，停止增建宫殿楼阁。

道光帝以身作则，每顿饭不超过四样菜肴，他用的毛笔和砚台都是普通材质制成的。道光帝规定后宫不得奢侈靡费，嫔妃平时不得身着华服，浓妆艳抹。据《满清外史》载，道光帝“衣非三浣不易”。三浣是一个月，意为道光帝一个月才换一次衣服。

道光帝的节俭用度引起了康熙的关注，于是康熙询问道光把省下来的银子都用在哪些地方。

大清王朝(12)

康熙-玄烨

你省下的钱都拿去干什么了?

道光-旻宁

整顿吏治，剿除叛军，改革盐政，治理河患，赈济灾民。

咸丰-奕詝

难怪爸爸即位10天后，就对朝中军机大臣来了个大换血。

嘉庆-颙琰

你是对我的安排有什么不满吗?

道光-旻宁

托津等人自以为拥立我有功，不把我放在眼里。亏得曹振镛向我汇报，他们为爸爸起草的遗诏，里面提到爷爷的出生地，结果还是搞错了，您说该不该罚?

嘉庆-颙琰

爸爸出生于雍和宫，不是避暑山庄，重要的事情说三遍，是该让他们几个长长记性!

大清王朝(12)

道光-旻宁

念在他们过去的功劳上，我还是从轻发落了。

宣统-溥仪

宣宗爷真是宅心仁厚。

咸丰-奕詝

但是对于怠政渎职的官吏，爸爸也毫不手软。

同治-载淳

爷爷在处理政务上拿捏到位，改革盐政也是卓有成效。

道光-旻宁

多亏陶澍提出的票盐法，这才弥补了过去盐税的亏空。

咸丰-奕詝

不止如此，爸爸还改变乾隆爷以来的封矿政策，允许百姓开矿，为民造福。

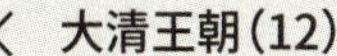

光绪-载湉

这才真正是为天地立心，为生民立命啊！

同治-载淳

还有呢，爷爷平定张格尔叛乱，拳拳爱国之心，天地可鉴。

康熙-玄烨

旻宁，看来你做了不少实事，真是难为你了。

道光-旻宁

圣祖爷谬赞，我只是想为咱们大清朝的发展尽一点绵薄之力。

咸丰-奕詝

爸爸整顿内政倒是可圈可点，但对外交涉是一点也不擅长！

道光-旻宁

划重点

嘉庆帝于避暑山庄溘然离世，道光帝命托津等人模仿嘉庆帝口吻起草《嘉庆遗诏》。为了传达出避暑山庄的神圣之处，遗诏中提到乾隆帝出生于避暑山庄。对此，道光帝起初并未发觉有何不妥。翰林院编修刘凤诰最早发现此处与乾隆帝的实际出生地雍和宫不一致，后因仕途受挫对军机大臣托津心生怨恨，于是借大学士曹振镛之口转达给道光，道光这才发现端倪。

据《清史稿》载，道光帝登基后不久，就以草拟《嘉庆遗诏》失误为由，将前任军机大臣托津、戴均元革职，并调其为乾隆帝编修实录。与此同时，道光帝任命大学士曹振镛、礼部尚书黄钺、户部尚书英和在军机大臣上行走，意为兼职军机大臣。

道光四年（1824年），洪泽湖高家堰大堤决口，湖水外泄，漕船搁浅，京城面临断粮危险。道光帝听到奏报后，勃然大怒，将江南河道总督张文浩革职，并将其披枷带锁现场示众。

道光十一年（1831年），两江总督陶澍奏请道光帝仿照明制，将纲盐法改为票盐法，取消商盐垄断权，实行凡纳税皆可贩盐的盐票法。

道光三年（1823年），爆发水灾，受灾范围涵盖九省三百多个县。为治理水患，道光帝投入巨额银两。道光时期，清廷年平均财政收入在4500万两左右。据统计，此次水灾累计损失高达2436万两，占年平均财政收入的54.13%，故又称“癸未大水”。

张格尔之乱是嘉庆二十五年至道光八年（1820年～1828年），白山派和卓张格尔率领部众在新疆南部发动的叛乱。此战清廷用兵36000人、耗银1000万余两，并征集军马20000余匹、骆驼10000余峰，最终战乱得以平定。

道光帝改革内政获得了认可，然而在对外关系处理上却一塌糊涂。

我看，就是这禁烟闹的，不然英国人也找不到理由宣战啊！

英国人是铁了心要打开中国市场的，即使不禁烟，他们也会再找别的由头。

归根究底，还是宣宗爷瞻前顾后，着急忙慌就把林大人处置了。

是啊，倘若团结一心，一致对外，说不定又是另一种结果了。

都怪我优柔寡断，用人不当，第一次鸦片战争战败，我负主要责任！

胜败乃兵家常事，只要总结经验教训，胜利就在不远处。

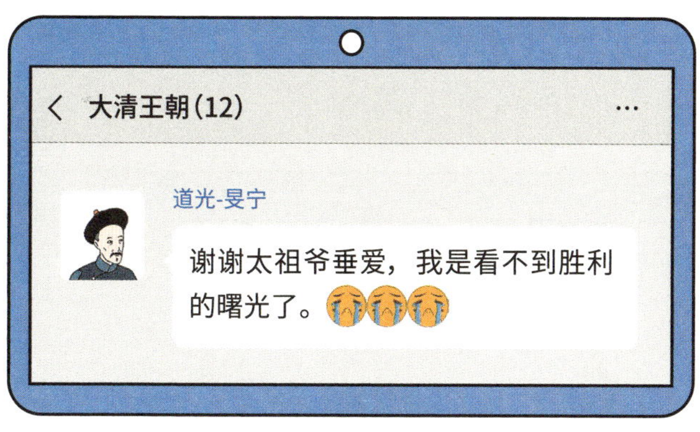

划重点

英国东印度公司从乾隆四十六年（1781年）开始，就对华输入大量鸦片。从道光元年（1821年）到道光十七年（1837年），短短十几年间，中英之间鸦片的贸易量就增加了5倍。

道光十九年（1839年），林则徐与邓廷桢及广东海关监督豫坤乘船到达虎门，会同广东水师提督关天培验收鸦片。为了彻底销毁鸦片，林则徐先后采用“烟土拌桐油焚毁法”及“海水浸化法”。

道光帝对第一次鸦片战争的态度摇摆不定，时而主战，时而主和。道光二十年（1840年），英军主力驶到天津大沽口外，道光帝听信琦善、穆彰阿等人的谗言，错误地认为英国之所以挑起战争是林则徐禁烟态度过激，还错误地将林则徐革职。

琦善于道光二十一年（1841年）与义律秘密拟订《穿鼻草约》，其中一项条款是割让香港岛给英国。后道光帝得知香港岛被琦善私自割让给英国，下令将琦善革职锁拿，押京治罪，家产查抄入官。

努尔哈赤试图安慰道光，道光更是羞愧难当，这不禁引起努尔哈赤的好奇。

大清王朝（12）

努尔哈赤

那你说说是为什么？

道光-旻宁

我……

咸丰-奕詝

您可是开了个“好”头，自从您签订第一个不平等条约后，第二个，第三个……第 N 个不平等条约纷至沓来。

乾隆-弘历

不平等条约?!

咸丰-奕詝

是啊，第一次鸦片战争失利，爸爸和英国人签订了《南京条约》；后来美国人、法国人也来凑热闹，相继签订了《望厦条约》《黄埔条约》。

大清王朝(12)

宣统-溥仪

在抵御西方列强的抗争中，也涌现了一批可歌可泣的爱国将领，比如关天培、陈化成、海龄……

光绪-载湉

是啊，三元里的百姓抗击英军令人动容，最重要的是让世界看到了中国人的骨气！

雍正-胤禛

咸丰-奕詝

后来爸爸忙着平定新疆的七和卓之乱，又赶上皇太后去世，爸爸伤心欲绝，这可真是内忧外患，雪上加霜啊！

同治-载淳

可叹爷爷临去前，还念念不忘江山社稷、黎民百姓……

关天培：清朝爱国名将，在任广东水师提督其间，全力支持民族英雄林则徐虎门销烟。道光二十一年（1841年），英军对虎门要塞发动总攻，年逾六旬的关天培亲自指挥，负伤十余处仍坚持作战，后被枪弹击中，口中仍大呼杀敌。

陈化成：吴淞抗英著名将领。道光二十二年（1842年），英军侵略吴淞要塞。年近七旬的陈化成出帐挥旗发炮，誓于阵地共存亡，最终英勇就义。

海龄：镇江抗英著名将领。道光二十二年（1842年），吴淞失守，英军进逼镇江。海龄坚守城池，号召军民寸土必争，后身负重伤，自焚殉国。

道光二十二年（1842年），中英签订《南京条约》。道光二十四年（1844年），中美签订《望厦条约》，中法签订《黄埔条约》。

三元里是广州城北附近的一个小村庄。道光二十一年（1841年），占据广州四方炮台的英军到三元里抢掠财物、凌辱妇女，当地人民奋起反抗，逼退英军。诗人张维屏亲眼目睹三元里人民抗英斗争，作长诗《三元里》，以颂扬中国人民反抗外侮、同仇敌忾的爱国精神：三元里前声若雷，千众万众同时来。因义生愤愤生勇，乡民合力强徒摧……魏绛和戎且解忧，风人慷慨赋同仇。如何全盛金瓯日，却类金缯岁币谋？

道光二十七年（1847年），流亡于浩罕汗国的白山派和卓后裔入侵中国新疆，史称“七和卓”之乱。

道光帝生母喜塔腊氏于嘉庆二年（1797年）病逝，道光帝时年15岁，养母钮祜禄氏对其视如己出，于道光二十九年年末病逝。道光帝是个大孝子，他亲自为太后守孝。因天气寒冷，过度悲伤，加之饮食不调，没过几天道光便一病不起。道光帝于次年（1850年）驾崩于圆明园，享寿68岁。

道光帝勤于政务，以身作则，力行节俭。但因其才略有限，加之社会问题积重难返，终究无力挽救清朝的统治危局。作为克勤克俭的代表及鸦片战争的决策者，道光帝毁誉参半，饱受世人争议。

奕詝

生卒（1831年~1861年）

庙号文宗，年号咸丰

内忧外患当事人

清朝入关后第七位（1851年~1861年）皇帝

苦命天子

“摆烂”王者

醉生梦死的戏迷

道光十一年六月初九（1831年7月17日），咸丰帝奕詝生于北京圆明园澄静斋，生母为钮祜禄氏。因奕詝的三个哥哥相继去世，奕詝成为皇长子。依照秘密立储制，道光二十六年（1846年），道光帝立奕詝为储君。道光三十年正月二十六日（1850年3月9日），奕詝即位，是为咸丰帝。

九 放任

上集说到，道光帝在位时危机四伏。当皇位的接力棒传到咸丰帝手中时，他是否能扭转大清帝国的命运呢？

大清王朝(12)

努尔哈赤

奕詝这孩子名字挺拗口的，是有啥寓意吗？

道光-旻宁

奕詝是从奕字辈，詝是智慧之意，治理国家需要学识渊博，这是我给奕詝取名的初衷。

皇太极

咸丰这个年号也不错，意思是什么都多，什么都有。那实际上呢？

咸丰-奕詝

说来惭愧，我是三项最后一位得主。

顺治-福临

哪三项？

咸丰-奕詝

大清最后一位掌握实权的皇帝，最后一位被秘密立储的皇帝，最后一位拥有生育能力的皇帝。

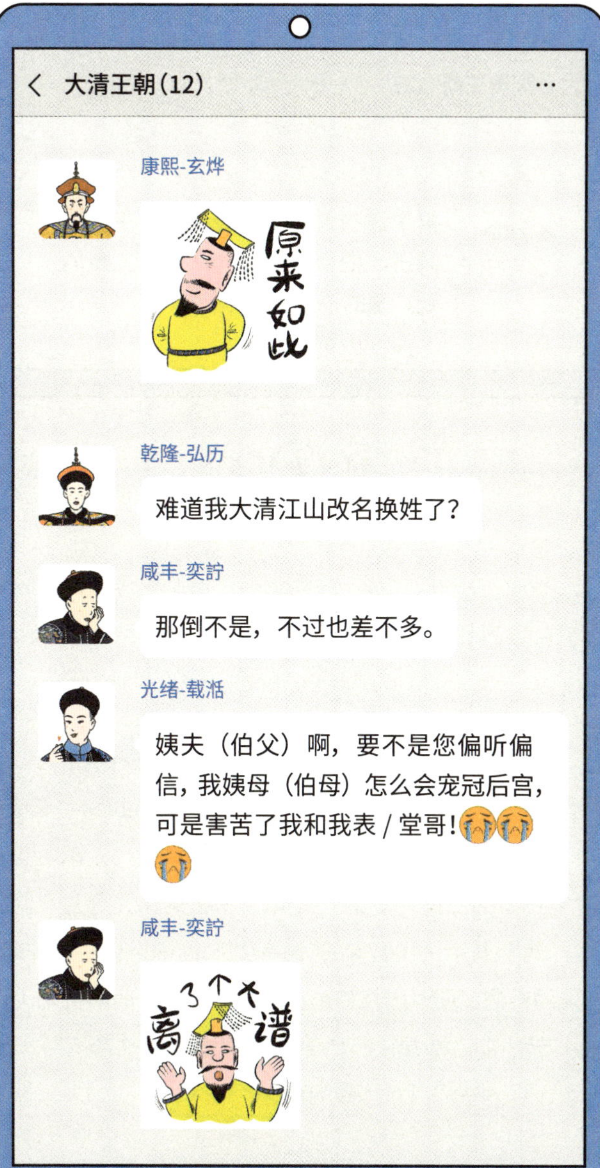
大清王朝(12)
康熙-玄烨
原来如此
乾隆-弘历
难道我大清江山改名换姓了?
咸丰-奕詝
那倒不是，不过也差不多。
光绪-载湉
姨夫（伯父）啊，要不是您偏听偏信，我姨母（伯母）怎么会宠冠后宫，可是害苦了我和我表 / 堂哥!
咸丰-奕詝
离了个大谱

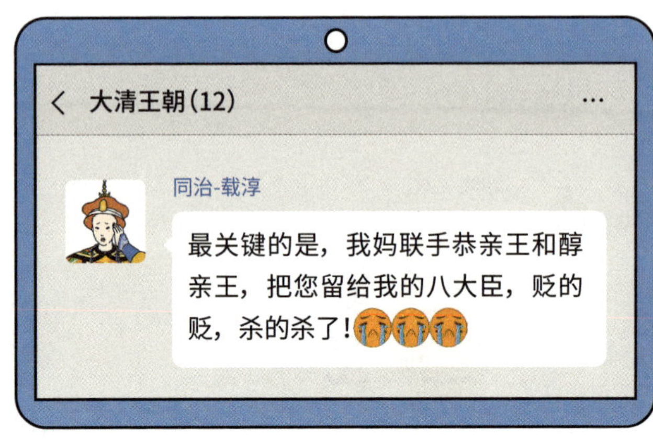

划重点

辛酉政变：咸丰十一年（1861年），咸丰帝驾崩后，西太后慈禧、东太后慈安、恭亲王奕䜣、醇亲王奕譞联手，发动宫廷政变，将咸丰帝钦定的以肃慎为首的八大臣或处死或贬黜。

咸丰二年（1852年），时年17岁的叶赫那拉氏在外八旗选秀中被指定“兰贵人”（因“兰”字与那拉氏的“拉”字谐音）。咸丰二年（1852年），兰贵人入居储秀宫丽景轩。咸丰四年（1854年），时年19岁的兰贵人诏封“懿嫔”，懿字的满文意为“端庄”和“文雅”。咸丰七年（1857年），时年22岁的懿妃晋封为“懿贵妃”。咸丰帝体弱多病，面对内忧外患，他心力交瘁，而懿贵妃工于书法，于是咸丰帝时常口授并让其代笔批阅奏章。咸丰帝死后，懿贵妃成为慈禧太后，造成后宫干政的局面。

同治和光绪既是堂兄弟，又是表兄弟。光绪的生父醇亲王奕譞与同治的父亲咸丰同为道光的儿子，醇亲王奕譞为咸丰的七弟。慈禧太后与光绪的生母为亲姐妹。

咸丰说出他是三项最后一位得主的情况后，众帝王纷纷表示震惊。

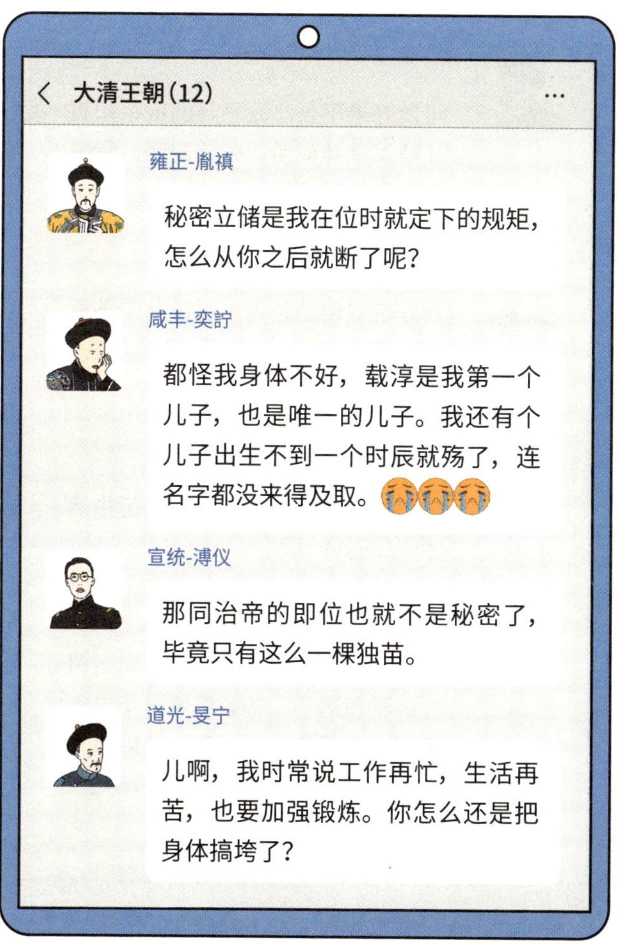

大清王朝(12)

咸丰-奕詝

其实我在位时，最初也是有一番作为的，勤于政事，广开言路，下诏求贤，整顿科场乱象。

咸丰-奕詝

可惜好景不长，太平天国叛军和英法联军接踵而至，内外交困，我是身心俱疲啊！

同治-载淳

还好这时候爸爸重用汉臣曾国藩和李鸿章，组织“湘军”和“淮军”抵御内贼和外贼。

宣统-溥仪

这师徒二人都是文人领兵，但生活方式却迥然不同。

咸丰-奕詝

曾、李二人对付内贼尚可，但对付外贼就差远了，毕竟胳膊拧不过大腿啊，外国人故意找碴，他们一个个船坚炮利的，我们哪能打得过？

划重点

咸丰元年（1851年），以洪秀全、杨秀清为代表的农民队伍在广西金田村宣布起义，组建太平军。咸丰三年（1853年），太平天国天王洪秀全率军攻入南京，定都金陵，改名天京，与清朝形成南北对峙的局面。

咸丰帝即位后，整顿军机处，任用改革派官员，严惩渎职官员。咸丰帝果断处理“戊午科场案”，即考生罗鸿祀贿赂主考官柏葰的

家人，企图借此考中举人，最后事情被揭发，咸丰将柏葰按律处斩，以整肃官场政风。咸丰朝“戊午科场案”与顺治朝“丁酉科场案”、康熙朝“辛卯科场案”，并称清朝三大科场舞弊案。

曾国藩为道光十八年（1838年）进士，历经道光、咸丰、同治三朝。咸丰帝即位后，下诏广开言路，曾国藩上《敬陈圣德三端预防流弊疏》，指责咸丰帝目光短浅，刚愎自用，引起咸丰不悦。咸丰二年（1852年），曾国藩母亲病逝，回籍奔丧，咸丰帝命其在家乡组织一支武装力量。曾国藩组织的湘军成为抗击太平天国起义军和抵御英法联军的主力，为大清王朝在咸丰朝保住江山立下不世之功。

李鸿章的父亲李文安与曾国藩是同年进士，后李鸿章拜曾国藩为师。咸丰三年（1853年），安徽巡抚江忠源因庐州城破自尽，李鸿章投入新任巡抚福济幕下，多次领兵与太平军作战，官封道台。咸丰十年（1860年），太平军二破江南大营后，对江南豪绅地主避难之地上海发起猛攻。曾国藩让李鸿章招募淮勇七千人，是为淮军，并在安庆租了洋轮运兵，让其前往上海救援。

曾国藩和李鸿章都是满人统治下的汉官，曾国藩自律勤勉，知人善用，而李鸿章则擅长交际，不拘小节。

英、法为了进一步打开中国市场，扩大在华侵略利益，于咸丰六年（1856年）至咸丰十年（1860年）在美、俄支持下，以亚罗号事件及马神甫事件为借口，联合发动第二次鸦片战争。清军战败，先后签订《天津条约》《北京条约》等和约，列强侵略深入到沿海各省和长江中下游地区。

英法联军攻入北京，火烧圆明园，而此时的咸丰帝全然不顾大局，只想着保全自己。

大清王朝(12) …

康熙-玄烨

啥?我在位时修建的圆明园被外国人一把火烧没了?

雍正-胤禛

爸爸把圆明园赐给我后，我还主持修建正殿——正大光明殿。

乾隆-弘历

我多次巡游江南，在扩建圆明园时，广泛汲取了各地园林的精粹。

宣统-溥仪

世宗爷，英法联军攻入北京后，将您的正大光明殿改成指挥部了。

雍正-胤禛

洋鬼子都这么欺负人了，@咸丰-奕詝 也不站出来管管?

大清王朝(12)

同治-载淳

爸爸被吓得六神无主，一边责怪臣子们无能，一边打包行李准备去热河行宫避难。

康熙-玄烨

我900米的大砍刀呢？看你小子还敢往哪儿跑！

咸丰-奕詝

我也是被逼无奈，留得青山在，不怕没柴烧！

努尔哈赤

我爱新觉罗家族怎会有你这等不肖子孙！

咸丰-奕詝

我也盼着大清重现昔日辉煌，可是我真没这个本事啊，您不知道我有多焦虑！

咸丰-奕詝

大清王朝(12) …

同治-载淳

得了吧，您身体不好完全是自己不爱惜。就算是焦虑，也不应该酗酒啊。

雍正-胤禛

酗酒？

同治-载淳

是啊，爸爸说上朝前喝酒是为了提神，下朝后喝酒是为了放松，每次都喝到酩酊大醉……

宣统-溥仪

关键是喝几杯就上头，然后就开始发酒疯。

嘉庆-颙琰

咸丰-奕詝

爷爷平时不也爱喝酒吗？这是家族基因遗传。

大清王朝(12)
同治-载淳
先不说喝酒，那您也不能带头吸食鸦片啊，那可是慢性毒药！
道光-旻宁
棺材板压不住了
道光-旻宁
什么？我在位时明令禁烟，你怎么能带头抽大烟?重点是，你哪儿来的钱?
咸丰-奕詝
爸爸，我……
咸丰-奕詝
光速消失

许指严《十叶野闻》载:“文宗嗜饮，每醉必盛怒。”咸丰帝爱好喝酒，但酒量却非常差。咸丰帝每次喝完酒都会发酒疯，殴打身边的宫女和奴仆，而在酒醒后又因为愧疚而给他们发放金银珠宝，以此作为补偿。然而，咸丰帝从来不会改正，如此往复，就陷入恶性循环。

圆明园原为明代故园，经过康熙帝修葺后，赐予皇四子胤禛。圆明园集中了中国园林艺术的精粹，融会了东西各种建筑风格。正大光明殿为圆明园正殿，建于雍正三年（1725年）。

咸丰十年（1860年），英法联军攻入北京，占领圆明园，在正大光明殿设立指挥部。咸丰帝率包括慈禧在内的一干宫眷逃往热河避暑山庄避难，留恭亲王奕䜣在京师与联军议和。英法联军在北京大肆抢劫后，纵火焚烧包括圆明园在内的皇家“三山五园”。

咸丰帝虽知道自己身为一国之君，应当做好万民表率，但苦于国事繁忙，只好通过吸食鸦片来缓解压力。

同治将咸丰酗酒、吸鸦片的丑事一一道出后，群里各位成员压抑不住心头的怒火，就在即将爆发时，溥仪试图以听戏之名救场，没承想使咸丰陷入更大的旋涡。

大清王朝(12)

宣统-溥仪

听说 @ 咸丰 - 奕詝 还酷爱听戏呢。

光绪-载湉

是呢，文宗爷最爱听南府戏班唱戏。

光绪-载湉

咸丰-奕詝

南府戏班是高宗爷下江南时带回来的戏班，我不过是帮着管理一下，这也有错了?

乾隆-弘历

乾隆-弘历

你可别攀扯我，自己的错误自己担。

大清王朝(12)

道光-旻宁

我就不懂，听戏有这么重要吗？安安静静地读书写字，省钱又长见识，难道不香吗？

同治-载淳

@咸丰-奕詝 您哪里是管理，您听戏如痴如醉，有一次感染了风寒，还冒着瓢泼大雨，在冷风中边喝酒边听戏，结果病情加重，差点就被阎王爷收走了。

同治-载淳

嘉庆-颙琰

小听怡情，大听伤身。

同治-载淳

记得爸爸30岁生日那天，升平署预备上演《四海升平》，结果您撤了这首，说放到明年再演。

大清王朝(12)
宣统-溥仪
是觉得这首曲目不合时宜吗?
同治-载淳
结果生日宴没过几天，爸爸就撒手人寰了。
同治-载淳
我哪敢说话呀
宣统-溥仪
看来这《四海升平》与我大清无缘了。
咸丰-奕詝
果然，人生如戏，戏如人生!
咸丰-奕詝
这双眼看透太多了

南府：清代内廷声乐与戏剧表演的重要机构。乾隆帝从江南带回昆班及昆曲名宿若干人，后因人数增多，将其迁入南长街吴驸马府，故名南府。道光帝崇尚节俭，两次裁减南府人员，还改南府为升平署。

据吴相湘先生考证，咸丰帝在热河行宫时，几乎每两三天就要听一次戏，有时上午听完了花唱，下午还得听一场清唱。咸丰帝沉浸在伶工们的歌喉舞姿之中，完全忘记了前线浴血奋战的将士们。

咸丰十一年（1861年），咸丰帝驾崩于承德避暑山庄，享年31岁。

在风雨飘摇的形势下，咸丰帝接过父亲的皇冠。咸丰帝在位时，清王朝摇摇欲坠，社会矛盾激化。咸丰帝并非时代的巨人，难以力挽狂澜，在畏难苟安与醉生梦死之间，短命早逝。

载淳

生卒（1856年~1875年）

庙号穆宗，年号同治

大清王朝最短命的皇帝

清朝入关后第八位（1862年~1875年）皇帝

少年天子

大清中兴之主

不学无术的淘气包

咸丰六年三月二十三日（1856年4月27日），同治帝载淳生于北京紫禁城储秀宫。咸丰八年（1858年），载淳的异母弟弟悯郡王早夭，载淳成为咸丰帝唯一的儿子。载淳的生母叶赫那拉氏，即慈禧太后，统治大清王朝半个世纪。

十 挣扎

上集说到，咸丰帝痴迷听戏，又有诸多不良嗜好，致使身体孱弱，政务日渐荒废，而他唯一的儿子同治帝又将如何应对呢？

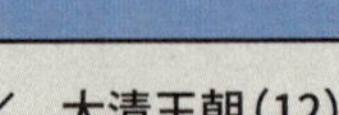

同治-载淳

我都还没过弱冠之年，就驾鹤西去，命运对我真是不公！

光绪-载湉

哥，你至少还在位13年，我记得世宗爷也是13年。

雍正-胤禛

是我感到不公才对！

乾隆-弘历

爸爸，您那是大器晚成。

光绪-载湉

而且，哥和世祖爷都是不满6岁就登基了，都算是少年天子，两人年号一个是同治，一个是顺治，世上居然有如此巧合之事！

宣统-溥仪

那可差远了，世祖爷入主燕京，定鼎中原，对我大清的开辟而言居功至伟。但你看载淳伯父，小时候就不好好念书，作为更是屈指可数。

大清王朝(12)

同治-载淳

我要是能有孝庄太后那样的妈，说不定咱大清就是另一种样子了！

乾隆-弘历

年纪不大，口气不小，那你说说对咱大清的发展有何规划？

同治-载淳

我的规划全被我妈打乱了！

乾隆-弘历

同治-载淳

爸爸临终前为我指定了以肃顺为首的辅政八大臣，还赐我“同道堂”印章，结果我爸前脚刚去，我妈就把我的印章夺走了。

雍正-胤禛

过分！后宫不能干政，你妈不知道吗？

弱冠之年：古时20岁行冠礼，即戴上表示已经成人的帽子，以示成年，但体犹未壮，故称“弱冠”。后世泛指男子20岁左右的年纪。

咸丰十一年（1861年），咸丰帝弥留之际，立皇长子载淳为皇太子，任命肃顺等8人赞襄政务，称顾命八大臣。同时将“御赏”“同道堂”两方小玺分别赐给皇后钮祜禄氏和载淳，并规定凡以后下发谕旨，必须钤用此二玺为凭。由于载淳年幼，“同道堂”玺便被其生母叶赫那拉氏控制。

同治一出场就开始哭诉，自己治理不好大清是因为他老妈插手，于是雍正便询问起具体情况。

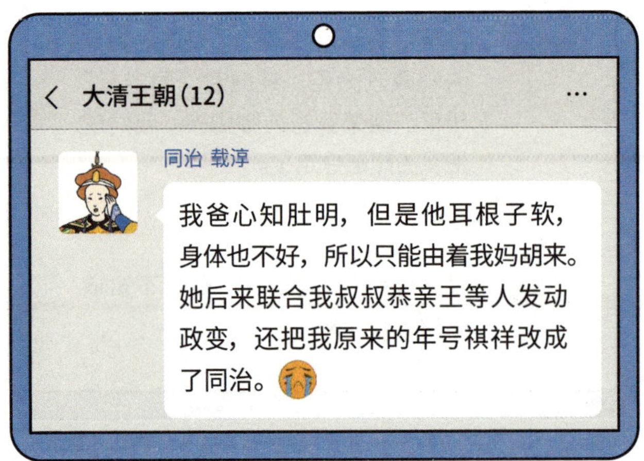

大清王朝(12)

乾隆-弘历

同治，意思是你和你妈共同治理朝政吗？

同治-载淳

其实是我妈和我嫡母。不过，我嫡母也只是个摆设，而我连摆设都不如！😭😭😭

道光-旻宁

@ 咸丰 - 奕詝 你真是太让爸爸失望了！

咸丰-奕詝

载淳年幼，我本意是让她们先帮衬着点，谁知后来……

同治-载淳

有两个妈就够我受了，还有一群老师盯着我学习，比如倭仁、李鸿藻……

咸丰-奕詝

你妈那是为了你好，教育要从娃娃抓起。

大清王朝(12)

同治-载淳

可我根本就不是读书那块料，有一次倭仁老师讲《论语》，听得我头昏脑涨，只想睡觉，我让他歇会儿，他就威胁说要告诉我妈……

咸丰-奕詝

犬子，你竟然不好好听讲，后来呢？

同治-载淳

我就指着书上一句“君子不器”，对他说：“这句我会，君子不哭……”

宣统-溥仪

怪不得载淳伯父临亲政时，识文断句还很困难。

咸丰-奕詝

要是我在场，非把你屁股打开花。

同治-载淳

我错了。不过倭老师崇尚节俭，和爷爷倒是有一拼。

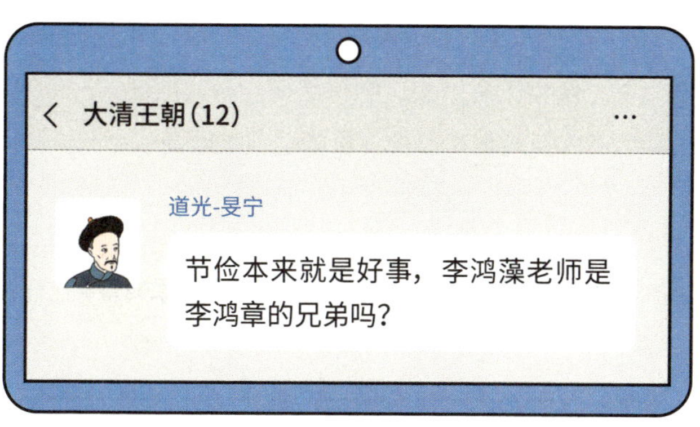

划重点

赵烈文《能静居日记》中记录了同治帝上课的趣事：有一次，倭仁为同治帝讲授儒家经典，讲到“君子不器”一句，小皇帝故意用手盖住“器”字下面两个“口”字，问倭仁此句何解?倭仁一看，“君子不器”变成了“君子不哭”。

慈禧太后联合慈安太后和恭亲王奕䜣等人发动辛酉政变以后，采纳了大学士周祖培的奏议，废止原八位顾命大臣拟定的“祺祥”年号，改为“同治”。“同治”，意为两宫太后临朝同治之意，或指两宫太后与众大臣共理朝政之意。慈禧太后颁布谕旨，规定从同治元年（1862年）起，停铸“祺祥”钱，改铸“同治”钱币。因此“祺祥”年号在历史上并未真正使用。

光绪是醇亲王奕譞第二子，宣统的父亲载沣是醇亲王奕譞第五子，光绪是宣统的伯父。另外，同治是光绪的堂哥，因此同治是宣统的堂伯父。

倭仁：道光九年（1829年）进士，同治元年（1862年）擢升工部尚书。两宫太后以倭仁学识渊博，命其担任同治帝的老师。倭仁生活简朴，反对奢侈浪费，曾创立“吃糠会”。

同治提到李鸿藻，这引起了道光的兴趣，以为他和李鸿章有点什么关系。

大清王朝(12)

光绪-载湉

可惜，最后洋务运动在姨母的强烈反对下，没有继续进行下去。

同治-载淳

无论如何，洋务运动还是有不少成果的，比如江南制造总局、福州船政局、汉阳铁厂、京师同文馆……

咸丰-奕詝

除了这些，你在位时还有什么值得称道的地方？

宣统-溥仪

载淳伯父在牡丹社事件中指挥得宜，为我大清扬眉吐气。

光绪-载湉

还有著名的《同光十三绝》，记录了京剧发展的高光时刻。

同治-载淳

李鸿藻，咸丰二年（1852年）壬子恩科进士。同治元年（1862年），李鸿藻升为内阁学士、户部左侍郎。同治十三年（1874年）十月，同治帝患病，李鸿藻代为批答章奏。李鸿藻历任五部尚书，被李鸿章视为政敌，与李鸿章无亲属关系但常被误认。

同治中兴：同治帝亲政时，刚满18岁。欧洲列强未有入侵，而太平天国已经被消灭，清室亦兴办洋务，颇有发愤图强之心，故称同治中兴。

洋务运动是19世纪60年代到90年代，晚清洋务派以“自强”“求富”为口号，利用西方军事装备、机器生产和科学技术，以挽救清朝统治的自救运动，主要内容包括：创办新式军事工业、民用工业，训练新式海陆军，创办新式学堂。光绪二十一年（1895年），北洋水师全军覆没，标志着历时30余年的洋务运动破产。

曾国藩与李鸿章、左宗棠、张之洞并称“晚清中兴四大名臣”。

牡丹社事件：日本明治政府不满琉球渔民遭误杀，便借口出兵帮琉球渔民报仇，挑起事端。同治帝任命船政大臣沈葆桢为钦差大臣，以巡阅为名赴台，主持台湾海防及对各国的外交事务。另派唐定奎率领淮军赴台，安定台湾。日本明治政府不得不请英国公使威妥玛调停，并签订《台事北京专约》，牡丹社事件告一段落。

同治元年（1862年），京师同文馆成立。光绪二十八年（1902年），京师同文馆并入京师大学堂。京师同文馆是清朝政府在北京设立的一个教育和翻译机构，也是中国第一所新式学校。

《同光十三绝》是一幅工笔写生戏画像。该画绘有自同治、光绪年间徽班进京后扬名的13位著名京剧演员。其中，如程长庚扮演《群英会》的鲁肃，谭鑫培扮演《恶虎村》的黄天霸，杨月楼扮演《四郎探母》的杨延辉，堪为经典。

同治帝刚聊到自己在位期间的政绩，就收到了慈禧的私信，估计是说慈禧的坏话被她听到了。

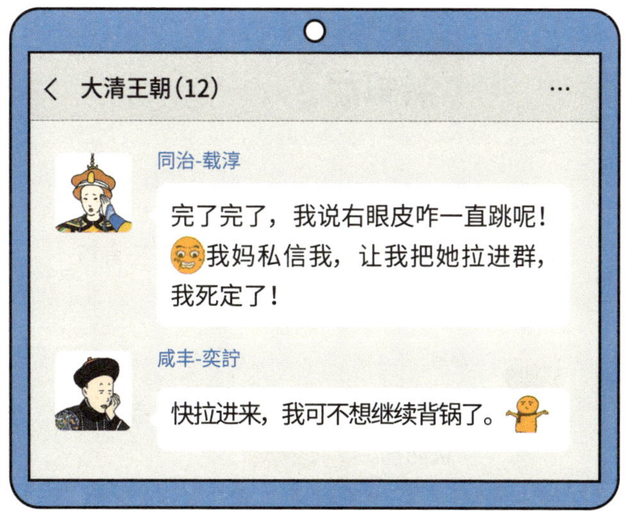

く 大清王朝(13) ···

同治-载淳

她进来了，还能有咱俩说话的份儿吗?

"宣统-溥仪"邀请"慈禧"加入群聊

慈禧

晚辈叶赫那拉氏给前辈请安，谨祝各位万福金安。

慈禧

嘉庆-颙琰

嘴巴还挺甜，不会就是靠着花言巧语把我孙子哄得团团转吧?

慈禧

臣妾惶恐啊！我不过是为文宗爷分忧而已。

大清王朝(13)
光绪-载湉
您哪里是分忧，简直就是分权，到我这儿就啥也不剩了！
光绪-载湉
我哪敢说话呀
慈禧
慈母多败儿，我做这些都是盼着载淳能有出息。
同治-载淳
妈妈用心良苦，我打算重新装修圆明园，让您安享晚年。
慈禧
不急，不急……
慈禧
给你一个眼神
自己
体会

大清王朝(13)

康熙-玄烨

听说载淳17岁才结婚，比我整整晚了6年。

慈禧

现在都提倡晚婚晚育，优生优育。

光绪-载湉

那您还苛待我载淳哥的皇后阿鲁特氏?

慈禧

皇后虽说多才多艺，但性格过于谦和，不像我杀伐决断，这样怎么能辅佐好载淳呢?

同治-载淳

大清王朝(13)
光绪-载湉
可惜载淳哥还没来得及留下血脉就患上天花了。
慈禧
都怪我一时疏忽……
同治-载淳
是我身子骨不争气，母亲不必自责，请您善待载湉吧。
光绪-载湉
宝宝心里苦
同治-载淳
我先下了，你坚持住！

同治十一年（1872年），载淳已满17岁，慈禧不得已为他选后，次年两宫太后撤帘归政。同治帝亲政后为了尽孝心，下旨修缮圆明园以供慈安、慈禧两宫太后居住。然而当时财政紧缺，圆明园又残毁严重，修复耗资甚巨，同治帝坚持开工，引起奕䜣等王公大臣多人反对，同治帝竟要将他们全部革职，慈禧出面制止了同治帝这一行为。

在选立皇后时，同治帝生母慈禧太后意在凤秀之女富察氏，嫡母慈安太后意在阿鲁特氏。同治帝最终选中阿鲁特氏为皇后。从立后那天起，慈禧就不喜欢阿鲁特氏。后见同治帝与皇后感情甚密，慈禧更加愤怒，经常干预帝后的私生活。溥仪回忆录《我的前半生》中称，同治帝病亡后，慈禧为逼死阿鲁特氏，以同治病情恶化为由，严厉要求不得送饭，最终导致阿鲁特氏被活活饿死。

同治帝皇后阿鲁特氏自幼贤淑文静，多才多艺。她的父亲崇绮是道光、咸丰两朝的大学士赛尚阿之子。同治四年（1865年），崇绮考中一甲第一名进士，成为清朝罕有的旗人状元。同治十一年（1872年），阿鲁特氏在八旗选秀中被选为皇后。阿鲁特氏的姑母亦为同治帝的后妃，是为恭肃皇贵妃。

同治十三年(1875年)腊月初五,年仅19岁的同治帝于紫禁城养心殿薨逝。他是清朝诸位帝王中最短命的一个,甚至还不如自己的父亲咸丰活得长久。同治帝的一生,既幸运又不幸,充满矛盾色彩。幸运的是,作为大清帝国唯一的合法继承人,同治帝的即位一帆风顺。不幸的是,他有一个专横跋扈、权力欲极强的母亲。同治帝在位13年,一直活在母亲的掌控之中。

载湉

生卒（1871年~1908年）

庙号德宗，年号光绪

中国最后一位有正式谥号及庙号的皇帝

清朝入关后第九位（1875年~1908年）皇帝

最憋屈的傀儡

囚徒天子

有心无力的工具人

同治十年六月二十八日（1871年8月14日），光绪帝载湉生于北京太平湖醇亲王府内，光绪帝的父亲为道光帝第七子醇亲王奕譞，母亲是慈禧太后的亲妹妹，即奕譞的嫡福晋叶赫那拉·婉贞。同治十三年十二月初五（1875年1月12日），同治帝无子而崩，清廷随即在养心殿西暖阁召开选立即位皇帝的会议。最终，主政的慈安太后和慈禧太后在道光帝的亲孙中，选择载湉过继给咸丰帝，以继承皇位。

上集说到，同治帝英年早逝，同治帝拜托慈禧好生照顾他的堂/表弟光绪，慈禧表面应和，实则会如何对待这位非亲生骨肉的皇帝呢？

大清王朝(13)

光绪-载湉

载淳哥，你妈实在太强势，我真的受不住了！

同治-载淳

妈，我临去前，不是请您善待载湉弟吗？

慈禧

天地可鉴，我请了翁同龢和夏同善教载湉读书，你看人家读书多用功，你要是能有他一半，我也就满足了。

光绪-载湉

可惜我空有一身学问和抱负，毫无用武之地。最让我难过的是，爸爸醇亲王见我还要行君臣之礼！

宣统-溥仪

载湉伯父是个可怜人，4岁即位，18岁才亲政，刚一上台就经历了丁戊奇荒。

划重点

光绪二年（1876年），光绪帝开始在毓庆宫学习。翁同龢负责教授读书，夏同善负责教授写字，御前大臣负责教满语、蒙古语和骑射。载湉读书非常用功，慈禧太后称赞他“坐着、站着、躺着都在朗诵诗书”。

奕譞是道光帝第七子，咸丰帝之弟，因同治帝无嗣，最终挑选载湉继承大统。在场的奕譞听到这一消息，当场晕厥过去。奕譞一生小心侍奉慈禧太后，在经历了同治之死、慈安太后暴卒后，他更加谨小慎微，甚至动用以北洋水师名义筹措的经费为慈禧修建颐和园。

丁戊奇荒是清朝光绪元年至四年（1875年~1878年）的特大旱灾饥荒，时任山西巡抚曾国荃称之为“二百余年未有之灾”。丁戊奇荒引发了中国近代史上大规模的灾民迁徙潮，其中尤以“走西口”和“闯关东”最为典型。为了赈济饥民，清政府重开捐纳，下至知县，上至道员，均可通过捐输银钱的方式获得官职。

左宗棠收复新疆：光绪二年至三年（1876年~1877年），钦差大臣左宗棠统帅清军，消灭侵占新疆的阿古柏势力，收复新疆大部分地区。光绪十年（1884年），清廷根据左宗棠的建议，在新疆设立行省。

光绪向同治诉说他的苦楚，宣统想借收复新疆之事安慰光绪，没想到却揭开了大清受列强欺凌这层更深的伤疤。

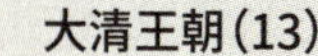

光绪-载湉

日本蓄意挑起战争，我是坚决主战的，奈何当时正在筹备慈禧老佛爷六十大寿，没人敢出声。

宣统-溥仪

日本人欺人太甚，老佛爷竟对此不闻不问。

雍正-胤禛

奕詝，你就是这么管教你媳妇的？

雍正-胤禛

咸丰-奕詝

我在位时，她只是贵妃。我临走前还特意防范，给皇后留了一封密诏。

同治-载淳

慈安太后心地善良，哪里是我妈的对手！

大清王朝(13)

光绪-载湉

名义上是慈安和慈禧两宫太后共同垂帘听政，实际上就是慈禧太后说了算。

咸丰-奕詝

还有我弟恭亲王奕訢呢？

咸丰-奕詝

光绪-载湉

恭亲王处事圆滑，他怎会不知道这其中利害？但是为了保全自己，他也置之不理。

咸丰-奕詝

马嘉理事件：光绪元年（1875年），清朝民间与外国人发生冲突，导致英国驻华公使馆特派书记翻译官马嘉里被杀。据《钦定续文献通考》载，光绪二年（1876年），清廷迫于英国的外交压力，签订《烟台条约》，内容包括：赔偿被害人员家属关平银20万两；允许各口租界免收洋货厘金；开放温州、芜湖等地商埠；等等。

光绪十一年（1885年），清廷与法国签订《中法新约》，承认法国对越南的保护权。光绪十三年（1887年），清廷与葡萄牙签订《中葡和好通商条约》，同意葡萄牙永驻管理澳门。

同治七年（1868年），日本通过明治维新走上资本主义道路，开始对外侵略扩张。光绪二十年（1894年），朝鲜爆发东学党起义，朝鲜向宗主国清朝求援，日本得知清军增援后以保护使馆和侨民为由向朝鲜增兵。后朝鲜为避免日本入侵，请求清军撤兵。清政府同意撤兵，并向日本提出双方同时撤军。而日本却提出中日共同改革朝鲜内政，遭到清政府拒绝。光绪二十年七月初一（1894年8月1日），光绪帝下诏向日本宣战。因该年为甲午年，故称甲午中日战争。

许指严在《十叶野闻》中记载，咸丰帝去世前，将皇后钮祜禄氏召至寝宫，交给她一份密诏，并特别叮嘱，倘若日后懿贵妃安分守己，则相安无事；但倘若懿贵妃母凭子贵，则出示密诏，立即赐死，以绝后患。

恭亲王奕䜣为道光帝第六子，咸丰之弟，曾任总理衙门大臣、领班军机大臣、议政王，保守派和清流派称其为“鬼子六”。慈安太后在世时，奕䜣受到重用。慈安太后去世后，慈禧太后以中法战争战败为由免去奕䜣职务，直至中日甲午战争战败以后才再度起用他，但当时奕䜣老迈，更无斗志，难有作为。

慈禧表面上与东太后慈安共同辅政，实则独掌大权，不仅阻挠光绪变法，还对列强委曲求全。

划重点

光绪二十年（1894年），在中日甲午战争黄海海战中，因“致远”舰受伤，弹药用尽，邓世昌决心与战舰同存亡，在落水后几次推开救生圈，拒绝救援。邓世昌牺牲后举国震动，光绪帝垂泪

撰联“此日漫挥天下泪，有公足壮海军威”。光绪二十年（1894年），日军攻陷旅顺，进行四天三夜的疯狂劫掠和残忍屠杀，造成旅顺2万名平民遇难。光绪二十一年（1895年），北洋水师全军覆没，清廷被迫议和，与日本签订《马关条约》，割让辽东半岛、台湾、澎湖群岛给日本，并赔款2亿两白银。

清廷签订《马关条约》后，群情激奋，以康有为和梁启超为首的举人向光绪帝上万言书。光绪颁布《明定国是诏》，表明变革决心，戊戌变法由此拉开序幕。然而没过多久，以慈禧太后为首的守旧派发起戊戌政变，将光绪软禁于中南海瀛台，维新志士谭嗣同、康广仁、林旭、杨深秀、杨锐、刘光第被残忍杀害，此六人被称为“戊戌六君子”。

甲午中日战争惨败后，戊戌变法的火苗也被慈禧扑灭，然而慈禧并未吸取教训，反而将光绪控制起来。

大清王朝(13)

同治-载淳

你这日子过得也太苦了，连囚徒都不如。

光绪-载湉

有时候真希望老佛爷能拉我下台，这样我就解脱了。

宣统-溥仪

可惜事情刚有转机，八国联军又闹起来了。

光绪-载湉

要不是老佛爷对义和团的态度忽明忽暗，怎么会招来八国联军？

慈禧

说起来这是载漪的错，与我无关。

光绪-载湉

您别把锅都甩给别人！

慈禧

八国联军打过来的时候，我和你商量过要不要开战。

大清王朝(13)

光绪-载湉

我都说咱大清不能再打仗了，你非但不听，还强拉硬拽着我逃跑。

宣统-溥仪

老佛爷逃命之前还不忘把珍妃丢到井里，您的良心不会痛吗？

光绪-载湉

慈禧

珍妃那丫头死活不让载湉离开皇宫，那我只好把她撇下了。

光绪-载湉

您为何派人销毁珍妃为我拍的照片？连个念想都不给我留！

光绪-载湉

大清王朝(13)

慈禧

我那是怕你伤心过度，咱们回宫的时候，我不是也支持你推行清末新政了吗?

慈禧

光绪-载湉

要不是《辛丑条约》引起公愤，您会这么好心？

宣统-溥仪

老佛爷迷途知返，也算难能可贵。

光绪-载湉

亡羊补牢，为时已晚。好在四川人民记挂我，将我的头像铸造在银币上，也算给后人留个念想吧。

光绪-载湉

己亥建储：光绪二十五年十二月二十四日（1900年1月24日），慈禧太后将端郡王载漪次子溥儁过继给同治帝，号称大阿哥。当时中西各界认为，慈禧太后此举实为册封储君，可能要迫使光绪帝禅位。八国联军之役后，慈禧太后以载漪纵容义和团为由，宣布废除溥儁大阿哥之位，命其仍归宗载漪。

甲午战争战败后，中原基督徒增加，与内地民众的摩擦愈演愈烈。光绪二十六年（1900年），直隶成千上万号称“义和团”的当地居民处死了大量基督徒，并纵火烧毁了教堂和基督徒房屋。该运动是群众自发的武装排外事件，史称义和团运动。

珍妃为户部右侍郎长叙之女，满洲镶红旗人。珍妃生性乖巧，善解人意，深受光绪帝宠爱。光绪二十六年（1900年），八国联军侵入北京，慈禧太后以带走珍妃不便，留下又恐其惹出是非为由，将其投井杀害，年仅24岁。

光绪二十八年（1902年），四川省地方政府仿照外国卢比，在银币上铸光绪帝的头像制成四川卢比，有力抵制了外国卢比的入侵，满足了汉、藏商民的需要。四川卢比是中国最早铸有人像的银币，也是中国唯一铸有帝王像的银币。

光绪二十六年（1900年），八国联军发起侵华战争，慈禧挟光绪帝逃至西安。光绪二十七年（1901年），清军战败，清廷与列强签订《辛丑条约》。《辛丑条约》是中国近代史上赔款数目最大、主权丧失最严重的不平等条约，清政府成为资本主义列强统治中国的工具。《辛丑条约》的签订标志着中国完全沦为半殖民地半封建社会。

清末新政又称遮羞变法。光绪二十七年（1901年），在慈禧太后的默许下，清廷进行改革，改革内容涉及军事、官制、法律、商业、教育等方面，但因改革的初衷是挽救清朝的统治危机，许多政策脱离实际，并未取得太大进展。但清末新政一定程度上推动了中国社会的现代化，为辛亥革命的兴起奠定了基础。

慈禧自视劳苦功高，表面上与光绪帝情同母子，实则将光绪帝视为自己的眼中钉、肉中刺，因对四川卢比铸光绪帝头像之事心生不满，便想方设法折磨光绪帝。

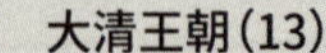

慈禧

载湉，我看你是真不要命了！

慈禧

光绪-载湉

我本就身不由己，躲得过初一，也躲不过十五。

慈禧

反正我命不久矣，载湉，你就为我陪葬吧！

宣统-溥仪

光绪三十四年十月二十一日（1908年11月14日），光绪帝驾崩于瀛台（早慈禧一日驾崩），享年38岁。据光绪帝御医透露，皇帝生前身体并不健康，原因是长时间不见天日、缺少运动、心情不佳、饮食不规律。2008年，文物专家对清西陵光绪帝遗体的头发、遗骨、衣服及墓内外环境样品进行检测分析后，证实光绪帝是因砒霜中毒而亡。

光绪帝是一个充满悲剧色彩的人物，他勤政爱民却难有作为，他志向高远却无力回天。在强势的慈禧面前，他唯唯诺诺，忍辱负重，因为没有实权，他的远见卓识终究化为泡影。

溥仪

生卒（1906年~1967年）

清废帝（仅为称号），年号宣统

中国历史上最后一位皇帝

清朝入关后第十位（1909年~1911年）皇帝

命途多舛的孤独者

斜杠青年

新时代的公民

光绪三十四年十月二十一日(1908年11月14日)，光绪帝于中南海驾崩，当天慈禧太后拥立时年仅2岁9个月大的溥仪继承大统，并令其生父醇亲王载沣担任监国摄政王，与光绪帝的皇后叶赫那拉氏共同辅政。次日，慈禧太后在宫中驾崩。光绪三十四年十一月初九（1908年12月2日），溥仪即位，次年（1909年）元旦改元“宣统”，是为宣统帝。

上集说到，光绪帝终其一生深受慈禧太后的掌控之苦，慈禧太后崩逝前，指定溥仪为皇位继承人，至此，大清是否还有一丝转圜的生机？

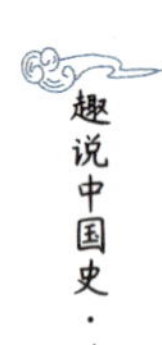

大清王朝(13)

康熙-玄烨

我最近在读《我的前半生》，溥仪的人生经历令我大开眼界，大家都好好看看。

宣统-溥仪

圣祖爷，我不过是在不同的地方受苦而已。

康熙-玄烨

受苦，当皇帝哪里苦着你了？

宣统-溥仪

您是不知道，我从小就吃不饱肚子，每一次稍微吃多点儿，那些太监就踹我。

康熙-玄烨

我看你可不是稍微，你一顿饭能吃6张春饼。

宣统-溥仪

要不是隆裕太后下了一个月的禁食令，饿得我头昏脑涨，我怎么会一解除就敞开肚皮吃呢？

大清王朝(13)

同治-载淳
是啊，吃不饱怎么能专心读书呢？

康熙-玄烨
不好好读书还有理了？成天光想着和老师们斗智斗勇。

宣统-溥仪
他们上课太无聊了，如果都像庄士敦老师那样风趣就好了。

乾隆-弘历
你这顽劣的性子真该改改。

宣统-溥仪
我这性子可能是随我妈……

康熙-玄烨
难怪你有个小名叫午格，还是你爸目光长远，想借此压压你的性子。

雍正-胤禛
“格”按咱们满语是英俊的男子汉，那“午”是啥意思？

溥仪是道光帝的曾孙，淳亲王奕譞的孙子，光绪帝的侄儿，生父为载沣，生母瓜尔佳氏是慈禧太后的重臣荣禄之女。光绪三十二年（1906年），瓜尔佳氏生下长子溥仪。1921年10月，溥仪与端康太妃发生激烈冲突，瓜尔佳氏被端康太妃召入宫中训斥。瓜尔佳氏个性极强，从宫里回去后吞鸦片烟自尽，年仅37岁。

庄士敦：溥仪的英语老师，主要讲授西方的历史、生活和风俗，还为溥仪起了英文名“亨利”。在庄士敦的引导下，溥仪戴上眼镜，剪掉辫子，还骑起自行车。1924年，溥仪被国民政府赶出紫禁城，在庄士敦的帮助下，借道英国使馆逃往日本辖区。

众人在读溥仪的自传《我的前半生》时，对溥仪的童年经历产生了好奇。

大清王朝（13）

宣统-溥仪

我的生日刚好是宣宗爷的忌日，所以就提前一天过。

康熙-玄烨

溥仪，我看你是光长年龄不长出息，我听说你9岁才断奶呢。

宣统-溥仪

我在偌大的宫里孤苦伶仃，太后管着我，太监欺负我，只有乳母王焦氏对我好，可是她后来也被赶走了。

宣统-溥仪

同治-载淳

难怪你10岁前养大狼狗，10岁后又练铁砂掌，原来都是为了自我保护。

大清王朝(13)

光绪-载湉

好在也是苦尽甘来了，不像我一辈子都暗无天日！

宣统-溥仪

那是我运气好，有幸进入新时代，虽然过去犯下滔天大罪，但因为我态度端正，后来获得宽恕。

乾隆-弘历

你犯了啥罪？

宣统-溥仪

我一时糊涂，答应日本人去当伪满洲国的傀儡皇帝。

乾隆-弘历

你怎么能这么没出息！

宣统-溥仪

我也没啥别的技术，前半生就只学会了如何当皇帝。

划重点

溥仪生于正月十四日，道光帝驾崩于正月十四日，刚好是同一天。

溥仪6岁时因贪吃板栗导致积食，隆裕太后知道后，罚溥仪每天只能喝两碗粥。有一次，溥仪悄悄跑到御膳房吃东西，有位太

监报告给了隆裕。隆裕太后令太监们将溥仪抬起来，使劲往地上蹾。吃不饱肚子的溥仪经常哭闹，通常这种情况下，太监们会将溥仪关进小黑屋，致使溥仪对太监产生了严重的仇视心理。

伪满洲国：1932年，九一八事变后，日本扶持的满洲国成立，溥仪出任满洲国执政，年号“大同”。1934年3月1日，溥仪在新京（今长春）登基为帝，年号康德，又被称为康德皇帝。1945年，苏联对日宣战，进攻伪满洲国，伪满政权覆灭。不久，日本投降，溥仪颁布《退位诏书》。

溥仪回想起过去当皇帝的点滴往事，不禁向众人哭诉起自己的辛酸苦楚。

大清王朝(13)

宣统-溥仪

哪有什么未来?我刚当了3年皇帝,大清就亡了。

康熙-玄烨

宣统-溥仪

袁世凯拿革命党人起义当幌子,吓得隆裕太后直接颁布《退位诏书》了。

光绪-载湉

这袁世凯装模作样,实际是自己想当皇帝。

宣统-溥仪

袁世凯之前向我承诺,他当了皇帝后让我衣食无忧,结果后来又差人送来一套洪宪瓷器,真可恶!

光绪-载湉

我看书里说,袁世凯落败后,大清朝摇身一变成了中华民国。

大清王朝(13)

宣统-溥仪

事情来得太突然，我都有点不知所措。

同治-载淳

我看没过几年，张勋又拥立你当皇帝了。

宣统-溥仪

只有12天！家人们，我的希望终究还是变成了失望！

乾隆-弘历

那你后来怎么想起给日本人当傀儡皇帝的？

宣统-溥仪

我害怕百年之后没脸面对大清列祖列宗，所以就心存侥幸，想放手一搏。

乾隆-弘历

你确实挺没脸的，呵……

划重点

隆裕太后：光绪帝的皇后，慈禧太后之弟桂祥的女儿，也是中国的“末代太后”。1912年2月12日，隆裕太后颁布《清帝退位诏书》，该诏书标志着大清帝国统治历史的终结，也标志着在中国实行了两千多年的帝制结束。

光绪是醇亲王奕譞之子，溥仪是醇亲王奕譞之孙。

宣统三年八月十九（1911年10月10日），武昌起义爆发，旨在推翻清朝统治，是为辛亥革命的开端。辛亥革命推翻了清朝的统治，结束了统治中国几千年的君主专制制度，传播了民主共和

观念。

洪宪帝制：又称袁世凯复辟帝制，即袁世凯企图以中华民国的名义，建立中华帝国。原定年号洪宪，定都北京。后因全国讨袁运动的影响，袁世凯最终并没有真正登基为帝。

1917年7月，张勋在北京重新拥立清废帝溥仪，历时12天，史称张勋复辟。

1928年6月，孙殿英以“军事演习”为由，对清东陵当中的裕陵和菩陀峪定东陵进行大规模盗掘，并用部分盗取的宝物贿赂蒋介石之妻宋美龄等人，案件最终不了了之，史称“东陵事件”。蒋介石不追究孙殿英的责任，成为后来溥仪与国民政府完全决裂，转向与日本人合作的重要原因。

1950年8月，溥仪与满洲国其他263名战犯在绥芬河由苏联移交中华人民共和国，后被送往抚顺战犯管理所接受为期10年的劳动改造和思想教育。1959年12月，溥仪被特赦。

慈禧害怕东窗事发，赶忙灰溜溜地退出了群聊，群成员恢复为12位帝王。溥仪吐露几次当皇帝的实情，还提到自己在位时两件值得肯定的事，咸丰开始关心起溥仪的家庭生活。

大清王朝(12)

雍正-胤禛

溥仪，你说你取什么年号不好，非取康德，和我爸爸年号康熙那么像。

宣统-溥仪

我那是感念小时候睡在康熙粉彩大盘里的日子，“德”用的是载湉伯父的庙号，我多希望大清能重现往日辉煌啊！

乾隆-弘历

就凭你？还是算了吧！

宣统-溥仪

高宗爷莫要小看人，我第一次在位时间虽然不长，但也做了两件大事。

乾隆-弘历

什么事？

宣统-溥仪

确定了我大清的国歌，肃清了东北的鼠疫，这是史无前例的。还有，我派海圻号巡游列国，使我大清扬名海外。

大清王朝(12)

同治-载淳

东北鼠疫，我怎么听说那是隆裕太后任命伍连德解决的。

宣统-溥仪

不都一样嘛。

咸丰-奕詝

溥仪，你怎么净想着往自己身上揽好事儿？

光绪-载湉

是啊，听说文绣为了和你离婚，都闹到上法庭了。

乾隆-弘历

大清王朝(12)

皇太极

自古以来只有皇帝将妃子打入冷宫，居然还有这等离奇之事。

宣统-溥仪

这事不假，淑妃性情刚烈，怪我多年来一直冷落她，她走合法程序倒也合乎情理。

努尔哈赤

看来，时代是真的大不同了。

光绪-载湉

那你的发妻婉容呢？她多才多艺，最后跟着你也没落得什么好下场。

宣统-溥仪

是我一时鬼迷心窍……

康熙-玄烨

溥仪，你啊，聪明一时，糊涂一世！

划重点

醇亲王府摆着一个康熙朝官窑的粉彩大盘。溥仪小时候非常爱哭，一哭就停不下来。有一次，溥仪的祖母刘佳氏把小小的溥仪放进了冰凉的盘子里，溥仪立刻停止了哭闹。之后，溥仪每次被放到盘子里，都会立刻眉开眼笑。

宣统三年（1911年），清政府颁行了中国历史上第一首正式国歌《巩金瓯》，该国歌由严复作词，溥侗谱曲，曲谱实际来自康熙时期的皇室音乐。

海圻号是清廷在甲午战争后向英国购置的防护巡洋舰。宣统三年（1911年），程璧光率领海圻舰，前往英国参加英皇乔治五世加冕仪式，然后出访美国、古巴，途经8个国家。1912年1月1日，海圻舰在英格兰易帜，改用五色旗。1912年5月，程璧光及海圻舰返回上海。

宣统二年（1910年），东北爆发鼠疫，波及69个县，累计死亡6万余人。隆裕太后命天津陆军军医学堂副监督伍连德担任全权总医官，负责东北鼠疫疫区防疫救治。宣统三年（1911年），隆裕太后宣布东三省鼠疫肃清。

文绣为满洲鄂尔德特氏端恭之女，溥仪册封其为淑妃。文绣天资聪颖，爱好读书写字。1924年，文绣随溥仪及皇后婉容离开紫禁城。后文绣因受溥仪冷落与婉容发生口舌之争，1931年，文绣与溥仪正式离婚。

婉容：大清末代皇帝溥仪嫡妻，父亲荣源为兵部官员，母亲是定王府奉恩将军毓长的第四女。清朝灭亡后，荣源带家人迁居天津，并聘请家庭教师教婉容读书写字、弹琴绘画、学习英语。1922年11月30日，溥仪大婚，婉容成为中国最后一位皇后。文绣离婚丑闻爆发后，溥仪将过错归咎于婉容。后溥仪不顾婉容反对前往东北，婉容苦闷之下依靠吸食鸦片度过残生。

清朝末代皇帝溥仪年仅3岁就匆匆即位，在登基大典时，年幼无知的溥仪震天的哭声令满朝文武啼笑皆非，他说“我要回家”，父亲载沣安抚他说“完了，快完了”，似乎已经预示大清王朝夕阳晚照的命运。历史的洪流奔涌向前，在历经了人生的跌宕起伏后，溥仪深刻地领悟到：他的皇帝梦和大清帝国已经如过眼烟云，再无复现的可能。

文末
彩蛋

“大清王朝”微信群的各位成员在互相交流了工作、学习、生活经验后，纷纷表示感慨良多。末代皇帝兼群聊管理员溥仪提出，大家聊了这么久也累了，不如一起做个游戏放松一下，游戏的主题是身份反转。规则是：每人都有一次反转的机会，按照时间顺序，从努尔哈赤到溥仪陆续选择想要反转成为的群成员。经过一系列角逐，群成员对应反转对象名单如下：

反转前	反转后
努尔哈赤	溥仪
皇太极	道光
顺治	同治
康熙	嘉庆
雍正	咸丰
乾隆	光绪
嘉庆	康熙
道光	皇太极
咸丰	雍正
同治	顺治
光绪	乾隆
溥仪	努尔哈赤

群成员们发现一个规律：爱新觉罗家族的人天生都具有极强的冒险精神，都想挑战自我，体验一把完全不一样的人生！管理员溥仪竟然在反转之后，摇身一变成为大boss努尔哈赤，而一向不热衷于政事的咸丰帝，居然浪子回头，想要变身雍正帝，疯狂搞事业……

至此，大清12位帝王的群聊告一段落，那么在反转身份后，他们又会经历哪些奇遇呢？